中国金融控股公司经营与管控

宁 晓/著

中国财经出版传媒集团
中国财政经济出版社

图书在版编目（CIP）数据

中国金融控股公司经营与管控/宁晓著．－－北京：中国财政经济出版社，2023.1

ISBN 978－7－5223－1628－4

Ⅰ．①中… Ⅱ．①宁… Ⅲ．①金融公司－控股公司－企业经营管理－研究－中国 Ⅳ．①F832.3

中国版本图书馆 CIP 数据核字（2022）第 138878 号

责任编辑：刘五书　　　　　　责任印制：张　健
封面设计：楠竹文化

中国金融控股公司经营与管控
ZHONGGUO JINRONG KONGGU GONGSI JINGYING YU GUANKONG

中国财政经济出版社 出版

URL：http：//www.cfeph.cn
E－mail：cfeph@ cfeph.cn
（版权所有　翻印必究）

社址：北京市海淀区阜成路甲 28 号　邮政编码：100142
营销中心电话：010－88191522
天猫网店：中国财政经济出版社旗舰店
网址：https：//zgczjjcbs.tmall.com
北京富生印刷厂印刷　各地新华书店经销
成品尺寸：170mm×230mm　16 开　15.75 印张　190 000 字
2023 年 1 月第 1 版　　2023 年 1 月北京第 1 次印刷
定价：66.00 元
ISBN 978－7－5223－1628－4
（图书出现印装问题，本社负责调换，电话：010－88190548）
本社质量投诉电话：010－88190744
打击盗版举报热线：010－88191661　QQ：2242791300

序　言

序　言

2022年10月，中国共产党第二十次全国代表大会召开，习近平总书记作了党的二十大报告，十年成就鼓舞人心，未来蓝图催人奋进。党的二十大报告深刻阐明了未来五年乃至更长时期党和国家事业发展的中心任务和大政方针，为做好新时代金融工作提供了根本遵循，进一步指明了金融业高质量发展的方向与目标。金融控股公司是我国金融体系的重要组成部分。在此背景下，探讨如何发挥金融控股公司的综合金融服务优势，防范金控风险，打造高质量的金控模式，具有重要的理论意义和现实意义。

20世纪70年代以来，全球金融管制放松，金融创新发展，为适应日益激烈的金融全球化竞争，金融机构纷纷加速综合化经营转型。1999年，美国颁布了《金融服务现代化法案》，该法案明确了美国未来金融业发展的制度框架，即采用金融控股公司模式。金融控股公司已成为主要国家金融业开展综合经营的组织模式。国外早期对金融控股公司的研究重点集中在分业经营和综合经营的体制优势、劣势的比较，中期研究主要集中在开展综合经营的规模经济、范围经济等效应；后期主要围绕金融控股公司的经营效率、监管体制、风险控制等方面。国外大部分学者通过理论和实证研究表明采用金融控股公司方式开展综合经营具有显著的竞争优势。首先，与非金融行业相比，金融行业具有资产专用性低、规模报酬递增、综合服务程度高等特点，金融控股公司可通过整合不同类型金融机构的客户和资源，扩大资产规模，提升资源配置效率，实现规模经济。其次，金融控股公司可以通过拓宽业务和产品种类，加强组合管理，降低边际成本或增加边际效益，实现范围经济。再次，金融控股公司可以在营销渠道、产品研发、科技服务等环节，通过资源共享、交叉销售等方式，实现业务、经营区域等优势互补，降低经营成本和融资成本，促进收入增长，产生整体的协同效应。最后，金融控股公司持有的资产可能存在较低的相关性，通过对其进行投资组合管理，可以达到分散和降低风险、稳定收益的目的。

随着我国宏观经济发展步入"新常态"，利率市场化和资本市场改革加快，客户对金融需求多元化，金融业综合化经营的趋势不断加快。2002年，国务院批准光大集团、中信集团、平安集团作为综合金融控股集团试点机构，三家机构成为综合经营的探路者和先行军。中国金融综合化经营从起步试点到快速成长，再到规范发展，历经近20年。2020年，金控监督管理试行办法、金控准入管理决定等政策相继出台，金融控股公司进入规范发展期。目前，国内的研究主要集中在探讨金融业分业经营与混业经营的利弊、混业经营的发展模式、风险及监管体系等领域，对中国现有金融控股公司的规模经济效益、范围经济效益、协同效应效益和风险递减效益等理论和实证的研究非常少，对中国金融控股公司的经营绩效评价方法和经营与管控等实证研究更少。金融控股公司为满足各类市场主体多元化需求、服务经济发展发挥了积极作用，但一些金融机构转型为金融控股公司后，整体盈利能力较弱，固有的优势尚未发挥，个别金融控股公司风险不断累积。如何将金融控股公司做实做好，在国内尚没有先例可循。鉴于此，如何通过加强中国金融控股公司的经营与管控，促进经营绩效评价提升成为迫切需要研究的问题。

宁晓博士利用业余时间，以促进中国金融控股公司经营绩效提升为出发点，对加强金融控股公司经营与管控进行了探索和研究。本书交叉融合经济学、管理学、金融学等相关学科理论，采用在理论研究基础上开展实证研究，在定量研究基础上开展定性研究的方法，对中国金融控股公司进行了研究和分析。首先，探讨了金融控股公司的概念和内涵，梳理了主要类型和特征，回顾了金融控股公司的支撑理论包括规模经济、范围经济、协同效应、风险分散等；其次，介绍了中国金融控股公

序　言

司产生的宏观经济背景，阐述了中国金融综合化经营发展的历程及趋势，并分析了中国金融控股公司的三个典型案例；再次，在对主要经营绩效评价方法进行梳理和比较分析基础上，建立了中国金融控股公司经营绩效评价指标体系，探索了经营绩效评价方法，并通过对中国金融控股公司的实证分析，得出其开展综合经营存在规模经济、范围经济、协同效应和风险递减等；最后，结合中国金融控股公司实际，提出推动集团和子公司两个层面公司治理、建立业务协同机制、健全全面风险管理体系、提升数字智慧经营水平、加快培养综合化金融人才等促进经营绩效提升的经营与管控建议。

在该书即将出版之际，我欣然为宁晓博士作序，以期本书能够深化中国金融控股公司的理论研究和推进金融控股公司发展的实践。希望他能够在今后的实践与研究工作中，继续关注和深入思考中国金融控股公司的经营管理等前沿核心问题，为中国金融改革和发展作出积极贡献。

周道许

2022 年 10 月

目 录

第1章 绪　　论 …………………………………（ 1 ）
　1.1　研究背景 …………………………………（ 1 ）
　1.2　研究目的和意义 …………………………（ 7 ）
　1.3　研究问题 …………………………………（ 10 ）
　1.4　研究思路和方法 …………………………（ 13 ）
　1.5　研究框架 …………………………………（ 14 ）

第2章 文献综述 …………………………………（ 17 ）
　2.1　金融控股公司概述 ………………………（ 17 ）
　2.2　金融控股公司的类型与特征 ……………（ 24 ）
　2.3　对金融控股公司经营绩效的经济学分析 …（ 31 ）
　2.4　本章小结 …………………………………（ 65 ）

第3章 中国金融控股公司发展 …………………（ 66 ）
　3.1　宏观经济背景 ……………………………（ 66 ）
　3.2　中国金融综合化经营发展历程 …………（ 73 ）
　3.3　中国金融控股公司分类 …………………（ 75 ）
　3.4　中国金融控股公司典型企业 ……………（ 78 ）
　3.5　提出研究问题 ……………………………（ 92 ）
　3.6　本章小结 …………………………………（ 98 ）

第 4 章　研究方法 …………………………………… (100)
　4.1　经营绩效评价的方法 …………………………… (100)
　4.2　方法的选择和模型的构建 ……………………… (107)
　4.3　样本数据和评价指标的选取 …………………… (114)
　4.4　引入经济增加值 EVA 模型……………………… (128)
　4.5　统计分析法步骤 ………………………………… (133)
　4.6　本章小结 ………………………………………… (135)

第 5 章　研究数据结果与分析……………………… (137)
　5.1　研究假设 ………………………………………… (137)
　5.2　数据处理 ………………………………………… (141)
　5.3　信度分析和效度分析 …………………………… (146)
　5.4　实证分析过程 …………………………………… (152)
　5.5　实证结果的验证 ………………………………… (170)
　5.6　实证研究的结论综述及启示 …………………… (179)
　5.7　研究假设的验证 ………………………………… (196)
　5.8　本章小结 ………………………………………… (205)

第 6 章　结论与展望 ………………………………… (206)
　6.1　结论 ……………………………………………… (207)
　6.2　学术意义 ………………………………………… (208)
　6.3　管理意义 ………………………………………… (211)
　6.4　研究局限 ………………………………………… (226)
　6.5　未来研究的展望 ………………………………… (228)

参考文献 ………………………………………………… (231)

第 1 章 绪 论

本章首先介绍了本书的研究背景；其次，提出了研究问题；复次，明确了研究的目的和意义；再次，阐述了本书的研究思路和研究分析方法；最后，描述了研究框架。

1.1 研究背景

由于各个国家和地区的经济和金融业发展程度不同，金融业综合化经营的发展阶段也有差异。在此背景下，欧洲和美国等国家和地区在金融控股公司理论和实践研究方面的起步较早，中国对金融控股公司的研究刚开始。本节主要从理论背景和中国现状两个方面进行叙述。

1.1.1 理论研究背景

在金融行业由分业经营转变为综合化经营的过程中，金融控股公司产生[①]（中国人民银行，2019）。目前，由于不同国家和地区的金融市场发展历程、法律制度、金融监管的体制等差异比较大，国际社会至今没有对金融控股公司的定义达成一致和明确的意见；主要的国家和地区结合金融业实际情况，对本国的金融控股公司进行了判定、分类，明确了认定的标准。1999 年，美国的国会审议和通过了《金融服务现代化法案》（美国财政部，1999），是最早在法律范畴的层面对"金融控股公司"进行阐述的国家。2020 年 9 月，由中国人民银行牵头，联合多个部门制定的《金融控股公司监督管理试行办法》（中国人民银行，2020）正式颁布，对中国的金融控股公司认定标准进行了明确。中国的金融控股公司是按照法律法规成立，投资和控股了两个或两个以上不同类别的专业型金融机构，控股公司本身只是对股权进行投资和管理，由控股的金融机构开展商业性经营活动，控股公司不直接开展金融业务等。为了便于后续讨论，本书所指的中国金融控股公司是按照《金融控股公司监督管理试行办法》给出的定义。鉴于中国金融控股公司近年自身的经营数据尚未公布，本书采用金融控股公司及下属金融机构的经营数据。

国外早期对金融控股公司的研究重点集中在分业经营和综合经营的体制优势、劣势的比较方面，中期研究主要集中在开展综合经营的规模经济、范围经济等效应方面；后期主

---

① 中国人民银行. 中国金融稳定报告 2018 [R]. 北京：中国人民银行，2019.

要围绕金融控股公司的经营效率、监管体制、风险控制等方面进行研究。国外大部分专家学者认为金融控股公司具有规模经济、范围经济、协同效应、分散风险效应,可以促进经营绩效提升;一些学者的研究结论却不支持上述结论。其中,支持的结论如下:

在范围经济效益方面,施泰因(Steinheer)和赫尔饰(Huveneers, 1990)通过研究指出全能型银行拥有多元化的金融产品,可以通过将固定成本分摊至各金融产品,降低边际成本,实现范围经济;看娜塔斯(Kanatas, 2003)通过研究表明,商业银行获取证券承销业务资质后,企业客户可以通过商业银行更方便地办理证券发行服务,商业银行可以通过拓宽利润来源,保持利润增长,实现范围经济。

在规模经济效应方面,本森腾(Benston, 1994)研究认为与其他金融机构相比,全能银行在规模经济效应和范围经济效应上更具有优势;范德(Vander, 1998)通过对金融控股公司进行实证研究也表明,金融机构实施多元化的业务经营以后,可以实现规模经济效应。

在协同效应方面,查瓦思(Chavas, 2012)通过研究指出,金融控股公司可以通过实施多元化经营,加强子公司间业务协同,获得高效的内部协同效应;温乃特(Vennet, 1999)[①] 通过对比研究荷兰和比利时的金融控股集团和专业性金融机构表明,金融控股集团可以利用资本市场,比专业性金融机构实现更多的财务协同效应。在风险分散效应方面,孙玮(2012)认为商业银行实施多元化经营后,通过业务开展的多样化,可以适应市场环境变化,起到分散风险的目的。

在经营绩效提升方面,霍尔茨豪泽(Holzhauser)、哈克塔尔(Hackethal)和艾尔莎(Elsas, 2010)通过研究9个

---

① Vennet, Vander. Cost and profit efficiency of financial conglonerates and universal banks in Europe [J]. *Journal of Money*, Creadit and Banding, 1999 (34): 254 – 282.

国家的金融机构表明,商业银行可以通过多元化经营,成立金融控股集团,提升盈利能力和市场价值;克罗诺普洛斯(Chronopoulos)、吉拉多内(Girardone)等专家(2011)[①]以欧洲10个国家的金融控股集团和专业型商业银行为样本,选取2001年至2007年这7年的经营情况进行了实证研究,表明金融控股集团的经营效率高于专业型商业银行。

由于金融控股公司在我国处于初步发展阶段,国内对金融控股公司的研究比国外要晚。国内的文献主要集中在探讨金融业分业经营与混业经营的利弊、混业经营的发展模式、风险及监管体系等领域,对中国现有金融控股公司的规模经济效益、范围经济效益、协同效应效益和风险递减效益等理论和实证的研究非常少,对中国金融控股公司的经营绩效评价方法和实证研究等更少。万魏(2018)[②]认为,金融控股公司旗下拥有商业银行、证券公司、保险公司等专业性金融机构,不同的专业性金融机构能够为企业提供差异化的金融行业服务;各专业性金融机构之间的金融业务可以互相补充,实现规模经济。范云朋、尹振涛(2019)[③]也研究认为,大型金融控股公司通过扩大业务规模,带来的收益高于增加的成本,旗下金融子公司可以在研发金融产品、开发信息管理系统、打造客户营销和销售产品渠道等方面,产生规模经济效益。

中国人民银行(2019)认为,金融控股公司可以实现金融基础设施的共享,避免了下属金融子公司之间重复建立金融机构,通过子公司间的交叉销售等可以发挥协同作用。

---

① Chronopoulos, Girardone. Are there any cost and profit efficiency gains in financial conglomeration? Evidence from the accession countries [J]. The European Journal of Finance,2011 (15 (4)):385 - 404.

② 万魏. 我国金融控股公司发展及监管问题研究 [J]. 西南金融,2018 (06):9 - 17.

③ 范云朋,尹振涛. 金融控股公司的发展演变与监管研究——基于国际比较的视角 [J]. 金融监管研究,2019 (12):38 - 53.

韩钰（2019）[①]认为，金融控股集团开展混业经营具有信息不透明、风险复杂化、道德风险等风险特征，需要加强对金融控股集团内部的重大交易、关联交易、风险防火墙等的监管力度。韩开创、刘洪波（2019）[②]认为，金融控股公司除了具有专业性金融机构所拥有的信用风险、市场风险、操作风险等常规风险外，还具有传导性强、关联性强、重复性强、垄断性强等特有的风险。邵昱晔、巫伍华、林燕萍、俞桂花（2019）[③]通过对中国台湾地区的金融控股公司进行研究发现，台湾地区金融控股公司旗下的子公司经营绩效表现优于专业性金融机构。

1.1.2 中国经济发展现状

近年来，伴随着中国经济增长放缓，金融改革实质性推进，金融科技快速发展等，传统商业银行的盈利能力下降。从欧洲和美国发达国家和地区的金融机构发展经验看，金融机构开展综合化经营，是应对宏观经济变化、客户需求多元化、增强盈利能力和风险抵御能力的重要方式。国内一部分金融机构通过成立、并购等方式，投资和控股了多种类型的金融机构，转型成为金融控股公司。

近年，中国经济从高速增长转向中高速增长，国内生产总值（GDP）增速下滑至个位数（国家统计局，2020）。利率市场化改革后，传统商业银行的客户需要变化、市场竞争更加激烈、盈利能力呈下降趋势。伴随着资本市场改革力度加大，融资结构发展不断多元化，"金融脱媒"进一步加

[①] 韩钰.金融控股集团的监管逻辑[J].金融发展研究，2019（11）：68-74.
[②] 韩开创，刘洪波.如何加强金融控股公司的监管立法[J].银行家，2019（02）：47-49.
[③] 邵昱晔，巫伍华，林燕萍，等.金融控股公司风险防范与监管的实践与启示——基于台湾地区金融处罚典型案例[J].福建金融，2019（02）：57-61.

快,主要表现在企业和居民投资需求多元化、直接融资占比提高(中国人民银行,2020)、融资去除中介化步伐加快。新一代信息技术与金融行业深度融合,商业银行间的市场竞争压力加大;蓬勃兴起的第三方移动支付、云计算、区块链、人工智能等,将客户从商业银行分流,减少了传统银行在相关业务手续费及佣金方面的收入,传统银行的盈利增速下降。

2000年以来,伴随着金融行业全球化步伐加快,金融市场创新快速发展,中国金融业在原有的分业经营基础上,逐步开展综合化经营。2002年,国务院将中信集团、光大集团和平安集团等三家持有多个金融机构的控股集团作为金融行业中率先实施综合化的经营试点单位,标志着中国金融业从前期的分业经营和监管阶段逐步进入综合化经营和监管阶段。此后,监管部门放松了对理财产品、资产管理、资产证券化等方面的监管,金融机构加快推进相关领域的创新;商业银行与证券公司开展业务合作、商业银行进入保险行业、商业银行并购信托公司等步伐逐步加快。2005年2月起,国务院允许商业银行成立基金管理公司,中国工商银行等多家商业银行陆续向监管部门申请并核准设立了基金管理公司,金融机构开展综合化经营的步伐加快。

经过10多年的发展,目前中国金融业已建立了一批综合化金融控股公司。中国人民银行按照投资和控股金融机构的主体不同,把中国的金融控股公司分为五类,即银行类、央企类、地方政府类、民营类和互联网类。例如中国工商银行、中国银行、中国建设银行等银行类金融控股公司,已涵盖银行、保险、证券等业务。招商局金融集团等央企类金融控股公司控股了商业银行、证券公司、人寿保险公司、消费金融公司、基金公司等金融机构。天津泰达投资控股公司、上海国际集团等地方政府类金融控股公司,出资入股了天津市、上海市等所在区域的商业银行、证券公司、人寿保险公司等两个或两个以上金融机构,并成为控股股东。阿里巴巴集团、腾讯科技公司、苏宁控股集团等民营类和互联网类企业控股了两个或两个以上金融机构（中国人民银行，2019）。

银行类金融控股公司是以商业银行作为核心控股平台，例如中国工商银行等控股了基金公司、金融租赁公司、保险公司等，基本形成了持有较全金融牌照的格局。目前，国内融资仍以间接融资为主，商业银行在金融体系中占据突出地位；以商业银行作为核心控股的金融控股公司在中国金融控股公司中发展规范，且其子公司商业银行是金融控股公司中最为重要的组成部分，仍在国内处于基础地位。基于此，本书选取金融控股公司中的典型代表银行类金融控股公司进行研究，并以13家银行类金融控股公司作为重点研究对象，对三家比较典型的银行类金融控股公司进行了案例分析。

1.2 研究目的和意义

目前，中国金融控股公司尚处于起步发展阶段，对金融控股公司经营绩效评价等方面还存在研究的空白。因此，针对中国银行类金融控股公司经营绩效评价等的研究，具有理论意义和实践意义。

1.2.1 研究目的

本书以中国银行类金融控股公司为研究对象，结合金融控股公司相关理论，在梳理和总结国内外对金融控股公司最新的研究成果基础上，采用因子分析法作为对中国银行类金融控股公司经营绩效评价的研究方法，并开展建模分析和数据分析结果讨论。具体研究目的如下：

首先，提出研究的问题。近年来，伴随着中国经济增速放缓，利率市场化改革进一步深化，注册制等资本市场化改革加快等，商业银行贷款和存款利率差额逐渐收窄，净利润增速放缓。结合三个典型的中国银行类金融控股公司案例，提出了三个迫切需要研究的问题。一是传统商业银行如何转型和变革，保持盈利优势；二是中国的不少金融机构通过成立、并购其他金融机构等方式，转型为金融控股公司，如何评价金融控股公司的经营绩效；三是转型为金融控股公司后，部分金融控股公司经营绩效改善不明显，盈利能力较弱，如何促进经营绩效评价提升。

其次，探索经营绩效评价方法。本书选用13家上市的银行类金融控股公司5年（2014—2018年）的年度报告等作为研究基础资料，选取了15个重要的指标作为金融控股公司绩效评价指标，采用因子分析法对经营绩效、风险抵补能力、盈利能力、资产质量、成本管控能力等进行评价，并根据其持有的金融牌照数量情况分为三个组进行分类对比研究。采用聚类分析法对实证结果进行了验证；通过卡方检验模型对综合化经营与偿付能力、盈利能力、成本管控能力、经营绩效等四个研究假设进行了验证，并得到了实证检验的支持。

最后，总结提出经营与管控建议。本书梳理归纳了中国金融控股公司经营绩效评价研究的主要结论，即实施多元化经营对经营绩效、偿付能力、盈利能力、成本管控能力提升和资产质量的改善具有正向影响。传统商业银行转型成为当前较迫切的选择，其中，综合化经营是转型方向。此外，在转型为金融控股公司后，可通过推动集团和子公司两个层面的公司治理，建立集团内和子公司间业务协同机制、全面风险管理体系等，加强对金融控股公司的经营与管控，促进经营绩效的提升。

1.2.2 研究意义

本书的研究意义主要包括两个方面。

(1) 理论意义

首先,国外一些学者如伯格(Bergor,1999)、莱文(Levine,2000)、坎特(Kanter,2003)认为,综合经营存在规模经济、范围经济、协同效应和风险递减等,并对欧洲、美国的金融控股公司进行了实证研究,得出了相关国家的金融控股公司存在规模经济、范围经济,增强协同效应,降低经营风险。但尚未有学者对中国的金融控股公司是否存在规模经济、范围经济和风险递减等进行实证研究,本书填补了此部分空白。

其次,由于中国金融体制改革起步较晚,国内的金融控股公司正处在初步发展阶段。近年来,虽然国内关于金融控股公司的文献逐渐增多,大部分研究主要集中在对中国金融业体系改革的可能性和必要性、模式选择、监管体制改革等领域进行了探讨,但由于中国金融控股公司成立和发展的时间不长,现有文献对中国金融控股公司综合经营管理特别是经营绩效评价等进行理论和方法研究的文献非常少。本书以中国的金融控股公司为研究对象,在金融控股公司的经营绩效评价指标体系、经营绩效评价方法、绩效评价分类对比分析等方面做了一些探索。

(2) 实践意义

在理论研究的基础上,本书结合中国银行类金融控股公司实际情况,建立了经营绩效评价模型,对研究假设进行了验证,并根据分析结果,提出了经营与管控的建议。

首先,传统商业银行向综合化经营转型是重要战略选择。随着我国金融业逐步对外开放,利率市场化改革深化,资本市场繁荣发展,直接融资占比提高,金融科技较快发展,"金融脱媒"趋势加快,带给银行业较大的盈利生存压力。商业银行通过开展综合化经营,可以集中集团控股各类金融机构的优势,为企业客户、个人客户等提供"一条龙"式的多元化金融服务,实现盈利稳定、可持续地增长。

其次,推动集团和子公司两个层面公司治理。近年,商业银行综合化和集团化发展较快,金融控股公司机构庞大、管理关系复杂,需不断优化公司治理,明确金融控股公司集团和子公司两个层面的职责分工,通过机制创新激发活力。集团层面,建立和完善公司治理体系,推进综合金融服务体系建设。子公司层面,推进建立统一授权管理体系,推动集团战略规划落地,促进各业务板块形成特色化发展模式。

再次,建立集团内和子公司间业务协同机制。通过推进建立集团子公司间业务协同、利益分配等管理机制,强化子公司间交叉销售和业务协同,深化集团内资源整合和利用,促进提升综合金融服务效果。建立集团内部协同管理机制,采取多种措施推进集团子公司间业务协同,促进业务协同较快增长;建立集团内子公司间业务协同的利益分配等管理机制,促进为客户提供综合金融服务。强化子公司间交叉销售和业务协同,打造综合金融服务平台。

最后,在建立集团和子公司全面风险管理体系,提升数字化智慧经营水平,加快培养综合化金融人才等方面提出了管理建议。

1.3 研究问题

本书研究的管理挑战和具体的问题如下。

第 1 章 绪　论

1.3.1　管理挑战

截至 2019 年 12 月底，中国银行业金融机构数达到 4607 家①（中国银保监会，2019）。近年以来，中国经济转型升级，金融市场改革力度加大，金融和科技深度融合，企业和居民理财和投资多元化，传统商业银行盈利增速下降。

艾尔莎（Elsas，2010）、克罗诺普洛斯（Chronopoulos，2011）、查瓦斯（Chavas，2012）② 等国外大部分专家和学者通过研究认为，金融控股公司本身具有较多的规模经济效应、范围经济效应、协同效应和风险递减等制度优势，并对国外的金融控股公司进行了实证研究，表明金融控股公司开展综合化经营可以促进经营绩效的提升。

近年，一些中国的传统商业银行转型为金融控股公司。中国金融控股公司成立和发展的时间不长，目前，大部分的中国金融控股公司虽然搭建了金融控股公司的组织架构，但只是对金融机构进行了股权投资，大部分还只是简单的资金投资入股；虽然初步建立了金融控股公司的组织架构，但是对控股的金融机构只是进行了表面化组合，没有建立综合化的管理体系。鉴于这一背景，虽然学者普遍认为通过采用金融控股公司模式，开展多元化经营，能够带来规模经济、范围经济、协同效应和风险递减等较多的制度优势，但是中国金融控股公司真正发挥集团综合、子公司分业的制度优势的非常少，现在尚未形成真正意义上的符合国际标准的金融控股公司，有的金融机构转型为金融控股公司盈利能力下降，整体经营绩效仍然较弱。

---

①　中国银保监会. 2018 年银行业金融机构法人名单［R］. 北京：中国银保监会，2019.

②　Chronopoulos, Girardone. Are there any cost and profit efficiency gains in financial conglomeration? Evidence from the accession countries［J］. *The European Journal of Finance*，2011（15(4））：385–404.

鉴于以上情况，面对盈利增速下滑，如何保持传统商业银行经营绩效的持续提升成为管理挑战。

1.3.2 具体研究问题

伴随着中国经济增长放缓、利率市场化深入推进、综合化经营快速发展，通过对典型中国金融控股公司的分析，结合国内外文献综述，提出以下具体研究问题。

（1）转型前：如何转型发展促进经营绩效提升

中国利率市场化深入推进后，金融脱媒步伐加快、综合化经营和金融科技快速发展，传统商业银行利润主要的来源是存款和贷款的利息差也在持续收窄，盈利能力下降，传统商业银行面临的冲击不断加大。传统商业银行如何通过转型和变革，促进经营绩效提升成为迫切需要研究的问题。

（2）如何评价金融控股公司经营绩效的问题

巴特（Barth）、诺尔（Nolle）和瑞斯（Rice，1997）、亚莫瑞（Yamori，2003）采用对比研究等方式对国外金融控股公司的经营绩效进行了评价。伯格（Bergor，1999）、莱文（Levine，2000）、坎特（Kanter，2003）等通过对欧洲和美国等金融控股公司样本进行了研究，研究表明相关国家的金融控股公司存在规模经济效应、范围经济效应，降低风险，对经营绩效有比较明显的改善。国内因对中国金融控股公司经营绩效评价的研究非常少，如何结合中国的银行类金融控股公司实际，构建其经营绩效评价模型需要研究和探索。多元化经营是否对中国的银行类金融控股公司盈利能力提升等具有正向作用，是否促进经营绩效的提升也需要进行验证。

（3）转型后：如何持续提升经营绩效的问题

目前，一些金融机构通过开展多元化经营，转型为金融控股公司，但其整体盈利能力较弱，金融控股公司固有的制度优势尚未发挥。大部分金融控股公司尚未建立集团和子公司实施综合化经营和服务的模式，也未形成子公司之间协同发展的模式。金融控股公司整体的经营绩效较弱，需深入总结分析中国金融控股公司促进经营绩效提升有显著影响的因素。梳理和分析典型金融控股公司案例，提出提升中国金融控股公司经营绩效的经营与管控建议。

1.4 研究思路和方法

1.4.1 研究思路

本书在对现有文献进行梳理的基础上，首先讨论了金融控股公司的概念，描述了内涵和特征，并对金融控股公司经营绩效评价涉及的经济学理论基础进行阐述；其次，结合国内宏观经济发展，对中国综合化经营发展历程及趋势进行研究，并对中国金融控股公司典型案例开展分析；再次，对主要经营绩效评价方法进行梳理和比较分析，选用因子分析法构建评价模型，并选取样本数据和评价指标；最后，对银行类金融控股公司的经营绩效进行了实证分析，并提出经营与管控建议。

1.4.2 研究分析方法

本书采用在理论研究基础上开展实证研究，在定量研究基础上开展定性研究的方法。

理论研究与实证分析相结合。本书采用规模经济理论、范围经济理论、协同效应理论和风险分散理论,并对前期学者的研究文献进行梳理,提出了研究假设;在对经营绩效评价方法进行总结分析基础上,结合中国金融控股公司实际,选用因子分析法作为对其经营绩效评价的研究方法。本书选取13家银行类金融控股公司作为研究对象,并重点研究了三个具有代表性的金融控股公司,在此基础上,提出了研究问题;根据经营绩效评价结果,结合管理实践,对13家金融控股公司进行分类分析,提出提升经营绩效的经营与管控建议。

定量研究与定性研究相结合。本书选用银行类金融控股公司2014年至2018年这5年披露的年度报告等作为信息来源,选取了15个重要的指标作为金融控股公司绩效评价指标,通过KMO检验、Bartlett球体检验等数据检验说明相关指标数据适合做因子分析,并采用因子分析方法进行经营绩效评价。本书通过聚类分析法验证了因子分析结果的准确性;采用卡方检验模型对研究假设进行了验证,并通过实证检验支持了研究假设。本书研究了13家银行类金融控股公司的2014年至2018年的财务和业务发展情况讨论与分析、风险管理情况、资本管理情况、公司治理情况和董事会报告等,在此基础上开展了定性研究,并与这5年经营绩效评价的定量研究相互结合。

1.5 研究框架

1.5.1 基本结构

本书的结构安排如下:

第1章 绪 论

第1章绪论。叙述了本书的研究背景,提出了管理挑战和研究问题,介绍了研究的目的和研究意义,阐述了本书的研究思路和主要研究分析方法。

第2章文献综述。梳理了金融控股公司的概念,研究了金融控股公司的主要类型和特征,并对金融控股公司的规模经济、范围经济、协同效应、分散风险效应等经营绩效相关内容进行经济学分析。

第3章中国金融控股公司发展。针对中国金融控股公司,首先阐述了其产生的宏观经济背景,叙述了金融综合化经营发展的历程,接着对三个的典型金融控股公司进行案例分析,并由此提出促进其经营绩效提升方面存在的三个具体问题。

第4章研究方法。首先,介绍了经营绩效评价的方法,并进行了比较分析,阐述本书选用因子分析法进行研究;其次,描述了研究所需数据的收集方法;再次,叙述了评价指标的选取,并将非利息收入等指标作为金融控股公司与传统商业银行经营绩效评价指标的区别;最后,介绍了评价指标中引入的经济增加值EVA模型。

第5章研究数据结果与分析。首先,结合前期研究的文献,设定了研究的假设,对收集的数据开展了信度和效度分析,并通过数据检验说明其适合进行因子分析。其次,开展了实证分析,提取了公共因子,计算了公共因子得分、经营绩效评价得分和排名,并用聚类分析法对实证结果进行了验证。再次,计算出经营绩效评价综合得分及排名,对风险抵补类、盈利能力、资产质量类、成本管控能力等四个因子得分及排名进行综述分析。最后,通过卡方检验模型对四个研究假设进行了验证,并得到了实证检验的支持。

第6章结论与展望,梳理归纳了本书关于中国金融控股公司经营绩效评价研究的主要结论,基于经营绩效实证分析提出金融控股公司的经营与管控建议；探讨本书对理论的贡献，并对实践中的管理意义进行归纳，指出了本书存在的局限性，并对未来研究方向进行了展望。

1.5.2 研究技术路线图

本书的研究技术路线图如图 1-1 所示。

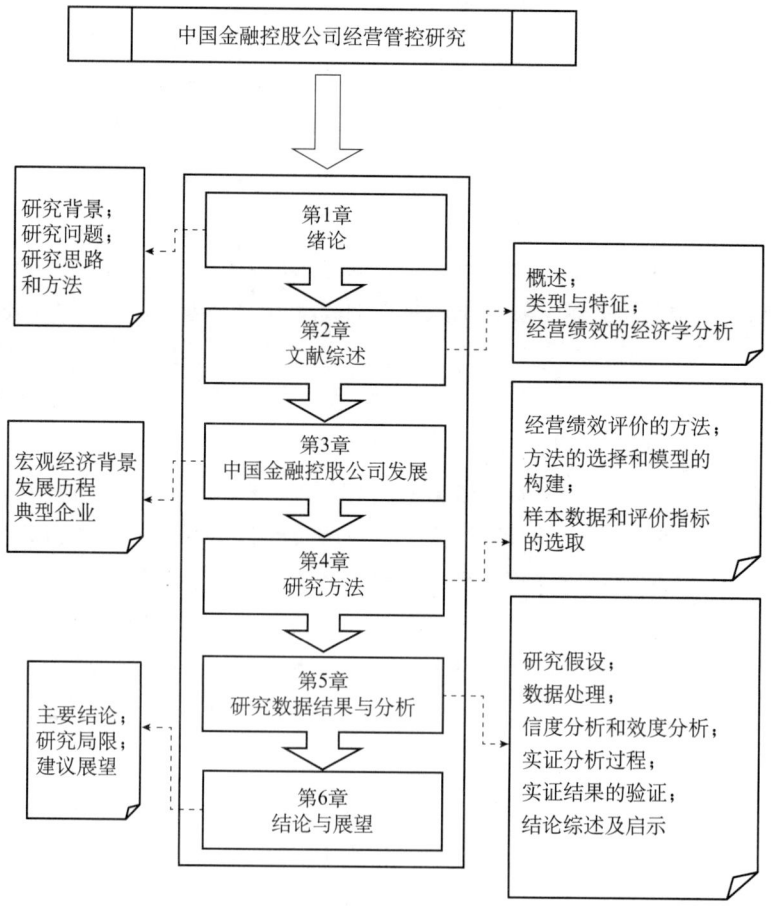

图 1-1 本书研究框架

第 2 章

文献综述

本章探讨了金融控股公司的内涵和概念,梳理了主要类型和特征,回顾了金融控股公司的支撑理论包括规模经济、范围经济、协同效应、分散风险效应等理论,同时介绍了经营绩效评价的最近研究,这些理论将用于对中国金融控股公司经营绩效评价的实证研究和分析。

2.1 金融控股公司概述

随着金融行业由不同金融子行业间分业经营转变为综合

化经营,金融控股公司这一经营模式产生,并逐步发展起来(中国人民银行,2019)。由于不同的国家和地区金融行业的发展历程不一样,金融行业发展水平有差异,制定的金融行业的法律、规章和监管制度也不同,对金融控股公司的定义也有区别。在对金融控股公司的定义进行探讨之前,首先对控股公司的含义进行明晰。

2.1.1 分业经营与综合经营

金融行业主要由银行业、证券业、保险业、信托业、基金业等金融子行业构成。"分业经营"是指一个国家或地区的金融监督管理部门仅仅许可一个金融机构经营一个金融子行业的业务,即商业银行、证券公司、保险公司分别只能经营商业银行业务、证券业务、保险业务。"综合经营"是指金融监管部门允许一个金融机构可以同时经营两个或两个以上的金融子行业业务。例如,商业银行允许经营证券公司和保险公司业务,信托公司允许经营商业银行、证券公司、基金公司等业务[1]。

目前世界上大多数国家的金融业都采用了综合经营的模式。通过梳理和分析世界银行开展的抽样调查数据得出,经过 11 年的发展,综合性金融集团在银行业、证券行业、保险行业的市场份额分别由 1990 年的 53%、54%、41%,提高至 2001 年的 71%、71%、70%,市场份额占比均超过了 70%;市场份额分别提高了 18 个百分点、17 个百分点、29 个百分点,保持了较快的增长。从世界各国和地区的金融行业发展实践情况看,金融机构实现"综合经营"的方式有

---

[1] 韩晓宇. 我国金控监管的效力边界及规范建议 [J]. 银行家,2019 (03):96-99.

第 2 章 文献综述

多种,其中,金融控股公司是主要实现的组织方式之一①。

2.1.2 控股公司的定义

控股公司是企业常采用的财产所有权模式,是按照法律和法规成立,通过持有某一个或多个企业具有表决权利的股权,且持有的数量超过一定比例,达到可以对该企业拥有实际控制权利的公司。根据经营模式不同,可以将控股公司划分为两种,第一种是纯粹型控股公司,第二种是混合型控股公司(韩晓宇,2019)。

纯粹型控股公司的母公司不开展具体的商业性活动,只是根据持有的企业股份,进行股权投资管理,实施资本运作。混合型控股公司是在纯粹型控股公司的职责基础上,增加了直接从事商业性经营活动。控股公司对旗下的子公司在战略规划和设计、人事管理、财务和资金管理等方面具有决定权,并可以对高管进行委派,对日常经营进行管理。金融控股公司是控股公司在金融行业的一种产权组织形式的展现②。

2.1.3 金融控股公司的概念

从本质上看,金融控股公司是控股公司模式在金融行业的重要应用。金融控股公司在管理模式和经营方式上具有集团化的特点。例如,金融控股公司是一个综合性金融企业集

---

① 王欧,祁斌.国际金融监管体制的演变及发展趋势 [J].上海证券报,2007,3(42).
② 郝臣,付金薇,王励翔.我国金融控股公司治理优化研究 [J].西南金融,2018(10):58-65.

团,与单一经营的企业相比,一是从经营的角度上看,业务具有经营范围比较广泛、经营种类多元化等特点,融资渠道更广泛、资源更丰富、资金更充裕。二是从法律的角度上看,集团和下属子公司都是单独的企业法人主体,需要分别进行记账等会计核算,各自负责盈亏,其损益之间没有直接的相互关系;集团和旗下金融机构之间通过股本相互关联,集团可以拥有控制下属金融机构的财务管理、人事管理、对外投资等权利(田田、华国庆、杨辉,2004)。

目前,因为各个国家和地区的经济和金融业发展程度和阶段不同,对金融控股公司的判定、分类等有些不同;国际社会对金融控股公司的定义尚没有达成明确的、一致的意见,也没有制定统一的金融控股公司管理标准。本节重点选取巴塞尔银行监管委员会、国际证监会组织、美国、欧盟等对金融控股公司的定义进行介绍。

(1)巴塞尔银行监管委员会等的定义

1992年9月,巴塞尔银行监管委员会发布了关于金融集团监管的报告(Basel Committee on Banking Supervision,BCBS,1992)。在报告中,巴塞尔银行监管委员会指出了当时监管部门对金融集团监管面临的主要问题,并明确了对金融集团监管应坚持的基本原则和采用的主要监管方法。

1992年10月,由国际证监会组织颁布的《金融集团监管原则》开始实施(IOSCO,1992)[①]。在该监管原则中,国际证监会组织将金融集团定义为金融集团拥有旗下公司的所有权,且下属公司至少有两个或多个公司从事商业银行、证券、保险等金融业务,并形成了一定的业务规模。

1999年2月,为加强对金融集团的监管方式和方法等研讨,促进金融监管部门之间的有效沟通,巴塞尔银行监督

---

① 联合论坛. 金融集团监管原则 [M]. 2013.

第2章 文献综述

委员会、国际证监会组织和国际保险监督官协会联合成立了"金融集团联合论坛"。经过三年的研究、征求意见和反复讨论,《金融集团监管原则》正式公布。《金融集团监管原则》(金融集团联合论坛,1999)认为,金融集团属于控股集团公司的一种模式,可以为客户提供商业银行业务、证券业务、保险业务中两个或两个以上不同种类的金融行业业务的服务。

(2)典型国家和地区的定义

美国是第一个提出"金融控股公司"理念的国家,但没有对其进行明确的定义。早在1956年,美国就颁布了《银行控股公司法》(美国国会,1956),该法律条文中提出要对金融控股公司的发展进行规范,这是首次提出"金融控股公司"的概念。1999年,美国颁布了《金融服务现代化法案》(美国国会,1999),该法案明确了美国未来金融业发展的制度框架,即采用金融控股公司模式,开展混业经营。美国通过这一个法律文本在世界各个国家中率先在法律层面提出了"金融控股公司"的基本概念,但未给予明确限定的定义,涵盖的内容主要包括:一是明确了金融控股公司的金融服务领域。金融控股公司采用集团方式运营,旗下的子公司可以经营传统商业银行、证券业务、保险业务、信托业务、投资研究顾问等金融服务,但该法案中没有明确地规定其必须经营两种不同类型的金融服务领域。二是对不属于金融机构的商业公司主体从事金融业务进行了规定。如果商业公司主要从事金融业务,且从事金融业务的收益占商业公司的85%以上,可以申请成为金融控股公司。三是对金融机构可以发起设立金融控股公司进行了明确。商业银行等金融机构能够作为母公司主体,申请成立金融控股公司,其下属子公司可以经营传统商业银行、证券公司、保险公司、投资咨询等相关的金融业务。

欧盟对金融控股公司的定义做出了较多具体的限定。2001年,由欧盟制定的《金融集团审慎监管统一指引》对外公布(欧盟,2001)。该指引主要对金融集团作了以下三个方面的定义:首先,阐述了集团的定义,即集团至少包括两个企业的法人或自然人,且法人或自然人之间联系非常密切;其次,集团主要的业务经营领域为金融业务,且集团或集团所属金融机构中至少有一个已颁发金融许可证开展经营,并接受金融监管部门的监管;最后,集团或集团所属金融机构经营不同金融业务,在集团或所属金融机构中至少有一个从事保险或再保险业务,至少有一个金融机构从事其他金融行业的业务。2002年12月,由欧盟制定的《金融集团监管指令》对外颁布(欧盟,2002)。该法律文件是世界上首次在法律层面上对金融集团进行全面界定,这对各个国家和地区如何对金融集团进行监管具有示范作用,是具有标志性作用的事件。该监管办法虽然没有直接对金融集团是什么给予一个详细、明确和归纳总结的定义,但是通过描写、叙述和对范围进行限制的方式对金融集团进行了定义。该监管办法认为,如果开展金融业务的企业集团符合相关叙述和限制的范围等内容就是金融集团。主要内容包括:一是在集团母公司主体或旗下投资的金融机构中,至少有一个单位纳入金融监督管理部门的监管范围之内。二是如果集团母公司主体纳入金融监督管理部门的监管范围之内,集团母公司主体需拥有所属金融机构的股权等,并能够对旗下所属金融机构进行统一的管理。三是如果集团母公司不属于金融监管部门的监管主体,那么整个集团的主要经营业务应该为金融业务。集团旗下所属金融机构应该经营两种或两种以上不同类别的金融业务,其中,至少有两种或两种以上所属金融机构经营保险、商业银行或投资咨询等业务,且保险、商业银行和投资咨询等业务规模在集团的业务规模中的占比非常高。

第 2 章 文献综述

（3）我国金融控股公司的定义

2020 年 9 月，由中国人民银行牵头制定的《金融控股公司监督管理试行办法》对外公布（中国人民银行，2020）。该办法将金融控股公司定义为：按照法律成立，实质控制至少两种不同类型的金融机构的有限责任公司或者股份有限公司。母公司不直接从事商业性的经营活动，只是对股权投资进行管理。

该办法（中国人民银行，2020）对实质控制、金融机构类型、必须申请设立金融控股公司的条件、母公司的经营范围等进行明确。实质控制是指公司直接或间接持有金融机构超过 50% 具有表决权的股份。金融机构是指按照法律设立的，并经过金融管理部门审批，能够开展相关金融业务的企业。金融机构类型具体包括银行类金融机构、保险类金融机构和证券类金融机构等三种。通过资产规模大小判定企业是否必须申请设立金融控股公司。根据实质控制的金融机构中是否涵盖商业银行，将其分为两种情况进行判断：第一种情况是如果拥有实质控制权的金融机构中包括商业银行，那么金融机构的总资产需要不低于 5000 亿元；第二种情况是如果拥有实质控制权的金融机构不包括商业银行，那么金融机构的总资产需要不低于 1000 亿元或受客户委托管理的资产规模需要不低于 5000 亿元（中国人民银行，2020）。金融控股公司的母公司业务范围主要包括以下三个方面：一是对所投资控股的旗下金融机构进行股权关系的管理；二是对整个集团整体的流动性情况进行管控，并为所控股的旗下金融机构提供流动性的支持；三是对金融公司的公司治理、协同效应、并表管理、风险管理、高级管理人员任职、信息共享与客户信息保护等方面进行规范（中国人民银行，2020）。

通过梳理和总结以上国际组织、国家和地区的法律法规可以得知,在对金融控股公司的界定和叙述中,联合论坛、欧盟、中国等在法律或监管规定中明确提出,金融控股公司应该经营两个或两个以上不同金融行业的业务,行业包括银行业、证券行业和保险行业等;美国虽然未对金融控股公司具体经营的金融行业提出明确的要求,但明确了金融业务是集团公司的主要业务,且集团公司应对所属金融机构具有实质控制权。为便于后续的研究和讨论,本书所指的中国金融控股公司是参照《金融控股公司监督管理试行办法》所明确的定义范畴。鉴于目前尚未有公开的金融控股公司自身的经营情况和数据,本书研究对象包括金融控股公司和下属金融机构。

2.2 金融控股公司的类型与特征

通过上文可知,由于各个国家和地区的法律规定和金融监管对金融控股公司给予了不同的定义,各个国家和地区的金融控股公司的类型和特征也不相同。

2.2.1 金融控股公司的主要类型

1999年,联合论坛发布的《金融控股集团的监管原则》(联合论坛,1999),将金融集团总结归纳为三种模式:第一种模式是金融集团可以直接开展金融业务,提供金融服务;第二种模式是金融集团投资控股了两家和两家以上的金

第 2 章 文献综述

融机构,由金融机构从事金融业务;第三种模式是纯粹型控股公司。万魏(2018)从国际实践角度,总结了现有金融控股公司的主要类型,分别为纯粹型金融控股公司、全能银行型金融控股公司和事业型金融控股公司。下面对这三种类型的金融控股公司进行介绍。

(1) 纯粹型金融控股公司——以美国为代表

纯粹型金融控股公司是母公司不直接经营金融业务,母公司旗下拥有下属商业银行、证券公司、保险公司等子公司的控制权,由子公司负责经营具体金融业务。母公司只负责整个集团的经营管理,通过对子公司的股权投资获取收益;子公司拥有独立的管理团队、资本金,并单独进行会计核算等(郝臣、付金薇、王励翔,2018);子公司间的风险隔离主要是通过建立商业银行、证券公司等各子公司间金融业务的防火墙来实现(范云朋、尹振涛,2019)。

纯粹型金融控股公司模式的代表是美国的金融控股公司,例如花旗集团(花旗银行中国官网网站,https://www.citibank.com.cn)。该经营模式的主要优点包括两个方面:一是有利于集团整体在建立销售渠道、营销客户、提高市场占有率等方面,发挥整体协同作用;二是各子公司拥有独立的管理团队、财务管理制度等,可以在不同业务部门之间起到减少利益摩擦和降低冲突的作用,在不同子公司之间也可以建立风险的隔离墙。主要缺点是:一是减少了规模经济效应和范围经济效应的发挥,限制了集团内各子公司间人力资源、信息资源等投入资源的流动;二是增加了子公司间信息沟通和整合的难度和成本,不利于发挥协同效应(郝臣、付金薇、王励翔,2018)。纯粹型金融控股公司的典型架构如图 2-1 所示。

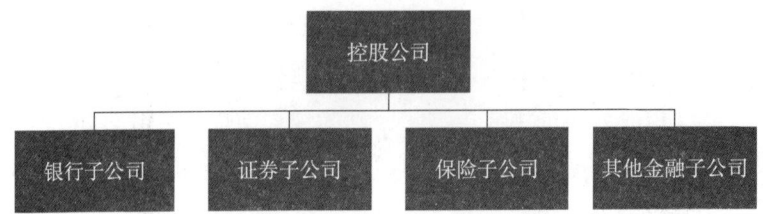

图 2–1　纯粹型金融控股公司架构图

资料来源：《中国金融稳定报告 2018》（中国人民银行，2019）。

（2）全能银行型金融控股公司——以德国为代表

全能银行型金融控股公司是以商业银行作为母公司，从事金融业务的单位包括两种类型：一是在母公司商业银行层面中设置了从事银行业务、证券业务等金融业务的职能部门；二是在子公司层面，发起成立了保险等公司，并经营其他的金融业务。全能银行型金融控股公司的母公司和子公司都可以开展金融业务。广义的全能银行经营范围包括商业银行业务、投资银行业务、保险业务和投资控股的非金融企业业务（范云朋、尹振涛，2019）。

1993 年，欧盟公布和实施的《第 2 号银行指令》（欧盟，1993）指出，商业银行可以直接从事证券承销与买卖等 13 类业务。指令的颁布确立了欧盟全能银行型经营模式，各成员国之间互相认可。全能银行型模式主要有以下优点：一是采用全能银行型模式，金融机构可以在经营传统商业银行业务基础上，为客户提供证券、保险、投资等业务，不同类型业务之间可以实现优势互相补充，实现范围经济效益。二是全能银行型模式可以凭借经营业务范围广泛的优势，综合利用各类资产品种、负债种类和抵押质押担保产品等进行组合风险管理，提升了金融控股公司的稳定性。三是全能银行型模式可以实现内部资源的共享，提升信息的流动性，降低信息获取的成本，实现规模经济效益。全能银行型模式主

第 2 章 文献综述

要缺点如下:一是该经营模式容易造成部门之间的利益冲突,且难以协调。二是不同金融行业之间未设置"风险隔离墙",不利于有效地实施风险隔离措施,增加了对内部进行风险管理的难度,也增加了外部监管部门开展监管的难度(邵昱晔、巫伍华、林燕萍、俞桂花,2019)。全能银行型金融控股公司的典型架构如图 2-2 所示。

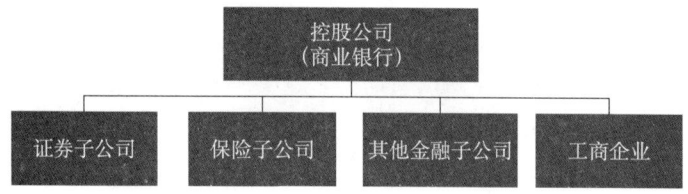

图 2-2 全能银行型金融控股公司架构图
资料来源:《中国金融稳定报告 2018》(中国人民银行,2019)。

德国的金融集团采用的是全能银行型模式(韩晓宇、董治,2019)。德国金融集团的典型代表是德意志银行(德意志银行(中国)有限公司网站,https://china.db.com/china/index.html)和德累斯登银行(德累斯登银行网站,http://www.dresdner-bank.de/)。德国的金融集团可以作为一个实体为客户提供"一体化"的金融服务,包括商业银行业务、证券业务、保险业务等。德国的金融集团还可以持有工商企业的股权,出席工商企业的股东大会,参与工商企业的管理。德国的全能银行型模式可以促进金融和工商企业间的联系,与客户建立更加密切和持久的合作关系(韩晓宇,2019)。

(3)事业型金融控股公司——以英国为代表

事业型金融控股公司是集团母公司在从事传统商业银行业务基础上,又投资控股了证券公司、人寿保险公司、基金公司等经营其他金融业务的专业性金融机构,并负责对集团和旗下金融机构的管理。通过这种模式,集团母公司和旗下金融子公司之间建立了"风险隔离墙"。母公司除开展金融业务外，还负责集团整体的战略规划和设计、财务和资金的统筹管理、资源的有效整合、风险管理和控制等。

事业型金融控股公司模式以英国为代表（郝臣、付金薇、王励翔，2018）。英国的事业型金融控股公司模式是以商业银行作为集团母公司，非商业银行的专业性金融机构作为子公司。这种模式可以将母公司和子公司之间的业务进行隔离，设立了一套风险的防火墙，有利于集团整体的风险控制。但这种模式，可能存在母公司和旗下子公司之间因利益目标不一致，导致的冲突。旗下专业性金融机构既要接受母公司的领导，又要接受所属金融行业监管部门的监督。当母公司和旗下专业金融机构有些经营目标不一致时，母公司可能会跨越风险隔离墙的限制。英国和欧洲大陆国家的金融控股公司主要采用事业型金融控股公司模式。根据母公司经营主体的业务不同，可以将金融控股公司划分为以商业银行为统领的模式、以证券公司为统领的模式、以保险公司为统领的模式等多种类型金融控股公司（范云朋、尹振涛，2019）。其典型结构如图2-3所示。

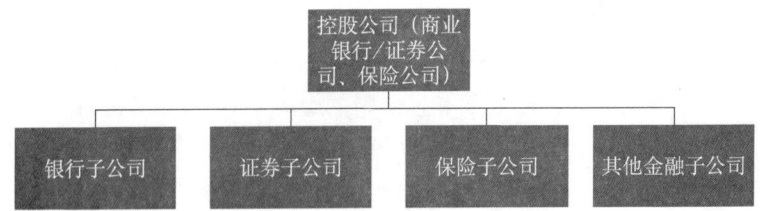

图 2-3　事业型金融控股公司架构图

资料来源：《中国金融稳定报告 2018》（中国人民银行，2019）。

2.2.2　金融控股公司的特征

不同的国家和地区结合本国实际情况，界定了金融控股

第 2 章 文献综述

的定义。因为对金融控股公司的定义有差异,金融控股公司采用的经营类型也有差异,相对应的特征也不同。本书对中国金融控股公司的界定按照《金融控股公司监督管理试行办法》(中国人民银行,2020)执行,即投资和控股了两个或两个以上的银行、证券、保险等不同类型的金融机构,自身仅对股权进行投资和管理,不直接从事具体的经营活动的公司。按照此定义,中国的金融控股公司采用的类型为纯粹型金融控股公司,主要特征如下:

(1) 集团控股,综合经营

金融控股公司是以集团对金融子公司的股权控制为基础,在集团和子公司之间形成控制与被控制关系。金融控股公司实质上投资和控制了两家及两家以上的不同类型的金融机构,金融机构主要包括中国人民银行认可的商业银行、信托公司、证券公司、基金公司等 11 种。实际控制主要是指持有金融子公司 50% 以上的表决权。从集团的属性看,集团可以是单纯的投资机构,也可以是商业银行、证券公司等金融机构。金融控股公司拥有规范的公司治理机制,依照法律要求,对金融子公司进行高管任职,并开展业务协同、并表管理、风险监测和控制等 (中国人民银行,2020)。

(2) 子公司分业,降低风险

金融控股公司可以设立商业银行、金融资产管理公司、基金管理公司、人身保险公司、财产保险公司等金融子公司,且旗下的金融子公司是独立的企业法人,分别开展银行、基金、保险等业务。金融控股公司的集团和旗下金融子公司面对着不同的金融风险,金融控股公司需要在集团和旗下金融子公司、金融子公司之间建立风险防火墙,对法人机构、财务核算、人员、信息科技系统、运营网点等进行风险隔离,防止金融资产管理公司、基金管理公司等金融子公司将自身的信用风险等经营管理风险传递至其他金融子公司,或者将子公司的流动性风险等经营管理风险扩散到集团整体，带来整体性的风险；严禁开展不符合金融控股公司相关法律、法规要求的内部交易，保证金融消费者的合法权益受到保护①。

（3）合并纳税，自负盈亏

金融控股公司作为企业法人，应该根据企业会计准则，按照权责发生制原则，对旗下金融子公司的财务报表等进行合并处理，形成合并后的资产负债表、损益表等。通过财务并表管理，可以发挥以下作用：一是可以反映金融控股公司整体的财务状况，避免金融子公司的资本金、营业收入、净利润等多次反复计量，通过内部交易等，隐藏财务杠杆，粉饰财务报表。二是可以在依照税法纳税基础上，对缴税基数等进行考量，优化税务管理流程，开展税务筹划，防止重复计税、多次缴税，合理避税。三是金融控股公司是有限责任公司或股份有限公司，以股东出资额为限额对旗下金融机构债务承担责任，旗下金融机构是企业法人，对本企业的盈利和亏损自行负责。金融控股公司旗下的投资银行、投资公司等是风险比较高的金融子公司，在面对金融危机或经营不善等情况下，此类金融机构可能严重亏损。金融控股公司通过承担"有限责任"的形式，降低因该类金融机构资不抵债，而导致整个集团倒闭的风险，保持整体的稳定性，防范金融风险②。

（4）资本控股，信息外溢

金融控股公司是以资本为纽带，采用股权投资的方式，建立起以集团为主体的，对子公司的层层控制权。随着控股

---

① 钱东平. 金融控股公司内涵、基本特征及主体监管 [J]. 金融纵横，2016（06）：17－25.

② 刘浩. 金融控股公司发展模式及风险管理研究 [D]. 西南财经大学，2010.

的子公司层次不断增加，金融控股公司可以凭借较少的出资资本，取得下属子公司的控制权，逐渐放大资本效应。层层控股的关系虽然扩大了财务杠杆，增加了财务风险，但大型的金融控股公司具有较高的信用度，可以增加信用外溢效应。一是若金融控股公司战略清晰、资产规模较大、盈利能力较强，可以获得较高的国际公认的信用评级，提升在公众中的信誉度，降低融资成本。二是具有较高信誉的金融控股公司，可以凭借较低的价格，并购其他金融机构等的股权，低成本地进行并购和扩张，实现信誉的外溢。三是金融控股公司旗下金融机构向客户提供一种优质服务或金融产品时，提升了金融控股公司整体的信誉，可以向客户推荐本金融机构或其他金融机构的产品或服务，提升品牌效应（刘浩，2009）。

2.3 对金融控股公司经营绩效的经济学分析

在上节对金融控股公司的类型和特征总结基础上，本节重点围绕金融控股公司的规模经济效应、范围经济效应、协同效应、分散风险效应、促进经营绩效提升等，对理论和文献进行梳理。现将国内外对金融控股公司的研究总结如下。

2.3.1 金融控股公司的规模经济效应

（1）规模经济理论概述

规模经济（Economies of Scale）是指在假设生产技术等

其他条件不发生变化的前提下,生产厂商通过不断地扩大生产规模,可以带来经济效益的提升。生产厂商在日常经营的过程中,投入了资金、技术等不同的生产要素后,随着投入规模的不断增加,增加投入的生产要素带来的收益大于增加的成本,这时生产厂商处于规模经济阶段。若生产厂商继续增加生产要素的投入,会达到一个最优的投入规模,此时,边际成本等于边际收益,实现规模经济。规模经济曲线是倒"U"形曲线。当生产厂商投入的生产要素达到最优的规模后,如果仍然继续增加生产要素投入,增加投入的生产要素带来的成本大于收益,可能实现规模不经济①。

与非金融行业相比,金融行业具有资产专用性低、规模报酬递增、综合服务程度高等特点,比一般的企业更容易实现规模经济效益。追求规模经济效益也是金融控股公司对旗下的金融机构进行组合管理的主要动机(中国人民银行,2019)。金融控股公司的规模经济优势主要体现在以下方面:

①金融行业资产专用性较低。资产专用性(威廉姆斯(Williams),1985)是企业对已经投入日常运营活动中的生产要素,可以再次对不同类型的资产进行分配的难易程度。因为不同行业对所投入的生产要素的需求程度不同,所以进行再次资产配置的难易程度不一样。企业所处行业的资产专用性越低,行业的垄断程度就会越低;行业的资产专用性越低,要求对客户的综合服务能力越强,实施的可能性越高。目前,金融行业包括银行业、证券业、保险业、信托业等,其主要的生产要素包括三种,即资本、信息和企业家才能。与非金融行业相比,金融行业的主要生产要素应用于特定用途的难度非常低;在银行业、证券业、保险业等金融子行业具有广泛的适应性特点,不同金融行业的金融机构之间也比

---

① 高鸿业. 西方经济 [M]. 北京:中国人民大学出版社,2021.

第 2 章 文献综述

较容易互相进入，为客户提供交叉的金融服务，从而实现规模经济。

②金融机构存在规模报酬递增效应。因为银行业、证券业、保险业等金融行业之间存在较强的可替代性，金融控股公司通过旗下金融子公司开展综合化经营时，随着规模不断扩张，获得的收益呈现递增趋势。金融行业是比较典型的规模报酬递增行业。与普通的企业相比，金融机构具有以下两个鲜明的特点：一是新成立和经营金融机构需要投入较高的固定成本；二是商业银行、证券公司、人身保险公司等不同金融行业的专业性金融机构之间，生产要素的通用性非常强，具有较多的同质性资产，可以通过增加投入规模，降低每一个单位的经营成本。所以，金融企业比普通企业具有更明显的经济规模经济优势，规模报酬递增趋势更有潜力。假设金融机构的业务经营范围保持不变，随着投入资金规模的不断扩大，可以降低资金的平均成本，进而获得规模经济现象（范云朋，2019）。

③开展多元化经营可降低经营成本。金融机构在开展多元化经营过程中，可以在金融服务供给端和客户需求服务端，降低成本，产生规模经济（中国人民银行，2019）。一是通过整合资源，可以降低固定成本。金融控股公司可以对旗下的金融子公司的资产、负债、业务结构进行整合和结构优化，扩大组合管理的业务范围和规模，可以降低边际成本，从而降低固定成本。二是通过产品组合管理，可以降低营销成本。金融控股公司通过对旗下金融子公司的金融产品和服务进行组合管理，为客户提供一站式和全生命周期式金融服务，大幅度地提高了金融产品的市场竞争力，促进了综合收益率提升；降低客户较多的研究成本、时间成本，促进了服务客户的效率提升，也降低了对客户的营销成本。三是通过客户信息共享，可以降低经营成本。金融控股公司旗下

金融子公司间可以建立信息共享平台，共享客户的基本信息、产品和服务需求，减少多个金融机构对同一个客户反复进行同一个内容的市场调研、尽职调查等，缩减了时间成本，减少了日常费用开支①。

④规模经济存在一定的最优规模。金融机构通过并购或新成立专业性金融机构等方式，开展多种金融行业的业务经营，可以扩大资产规模，产生规模经济效益。但是，资产规模与规模经济效益并不是一直呈现正相关的关系，而是在一定的资产规模区间之间内存在。金融行业的规模效应通常用成本曲线表示，且呈现"U"形状态，并不是业务规模越大，规模效应越明显。此外，与非金融行业相比，金融行业的成本曲线弧度比较低，变化更加地平缓（刘鹏，2017）。

（2）国外对金融控股公司规模经济的研究

国外对金融机构开展多元化经营是否存在规模经济的研究起步于20世纪80年代，部分学者通过多种研究方法认为金融控股公司存在规模经济，也有学者提出了不一致的意见。

部分学者通过文献综述、实证研究等研究方法，分析认为金融控股公司存在规模经济。伯格（Bergor，1999）采用文献综述，并结合实地调研的方式，对欧洲和日本等多家大型银行的规模经济效益情况进行了考察，通过研究指出，金融行业存在规模经济效益，而且效果非常突出。韦斯顿（Weston，1990）研究发现，商业银行通过两种途径发挥了规模经济效益。商业银行开展多元化经营后，首先，旗下不同金融子公司之间可以取长补短，通力协助；其次，为客户提供丰富的金融产品，扩大了产品种类的数量。桑德斯

---

① 徐鹏程. 我国商业银行综合经营趋势下的金融监管研究［D］. 西北大学政治经济学，2008.

(Saunders) 和沃尔特（Walter, 1994）通过风险模拟的视角，深入研究发现，金融业务间的现金流具有不完全相关性；金融机构开展多元化经营后，可以通过加强组合管理，保持利润的稳定性。克里斯汀（Christine）和贝弗利（Beverly, 2001）等认为，金融控股集团比专业性金融机构规模大，风险更加复杂，通过采取外部监管部门加强监管和集团自身加强内部管理和控制相结合的方式，可以防范和管理风险，提升资源配置效率。

有些学者通过经营绩效评价等方法，研究认为金融控股公司存在规模经济。克拉克（Clark, 1988）采用经营绩效评价的方法，对美国银行业开展多元化经营进行了研究，通过研究得出以下结论：金融机构通过开展多元化经营，可以显著地提升经济效率，能够有效地发挥规模经济效应和范围经济效应；开展综合化的金融业务或者向客户提供多元化组合的金融产品，可以优势互补，降低成本，提升效率。通过对单个金融产品和多元化金融产品组合进行销售带来的收益率对比分析发现，后者的平均收益率高于前者，又为存在范围经济提供了一个有力证据。文内特（Vennet, 2002）对不同模式的金融控股公司效率进行了对比研究，对欧洲全能银行金融控股公司和美国纯粹型金融控股公司的营业收入和净利润的效率进行了分析，研究表明前者效率更高。

有些学者认为金融机构在一定的业务规模范围内，存在规模经济，业务规模过大或过小都可能不存在规模经济。桑德斯（Saunders, 1994）对不同规模的商业银行合并后的规模经济效益进行了专门研究，通过深入研究发现，资产规模较小的商业银行可以通过并购等方式获得其他银行的股权，以此来扩大业务规模，从而产生潜在的规模经济效益；如果资产规模比较大的商业银行采用并购方式获取其他银行的股权，只是增加了资产规模，但是不能获得规模经济效益。接着，卡罗（Carow，2000）通过实证研究的方式，对大型和小型商业银行与人寿保险公司合并前后的股价变动进行了深入分析，通过分析发现，大型商业银行并购人寿保险公司后，股价上升比较显著，说明具有较好的规模经济效益，但是小型商业银行并购人寿保险公司后，股价基本没有变化。然后，伯杰（Berger）、德姆塞茨（Demsetz）和斯特拉汉（Strahan，1999）也通过实证研究的方式对金融机构的规模经济进行了分析，分析认为金融机构的业务规模和规模经济之间存在密切关系，随着业务规模的逐步扩大，边际成本递减，但并不是呈现出直线型递减的趋势，而是边际成本逐步减少，但当达到最优的边际成本以后，边际成本逐步上升，呈现出相对平缓的"U"形图形变化。

格罗珀（Groper，1991）、塔姆（Timme，1993）以美国银行控股公司为研究对象，采用实证研究的方法，以收益率作为评价规模效应的指标，通过研究业务规模和收益率之间的关系推导出以下主要结论：一是银行控股公司的规模经济效益与资产规模密切相关，随着资产规模的扩大，规模经济效应逐步增加，达到一个最高值拐点后，又逐步下降。二是对发挥规模经济效应的最优资产规模进行了讨论，当银行控股公司的资产规模达到约100亿美元后，随着规模增长带来的收益率会十分明显地提高，即产生规模经济的正面效应。三是对规模增长是否一直带来规模效益进行了讨论，通过研究表明，并不是银行控股公司的资产规模越大，规模效益越好，当资产达到非常大的规模后，收益率则呈现下降趋势，即产生了规模经济的负效应。休斯（Hughes）等（1996）也通过实证研究的方式，证明了银行控股公司资产规模和规模效益之间呈现先上升后下降的趋势，并提出了当银行控股公司的资产规模达到500亿美元以上时，可以发挥最优的规模经济效应，但最优的资产规模值与塔姆（Timme，1993）

研究的结果有些差别。

（3）国内对金融控股公司规模经济的研究

国内对金融控股公司存在规模经济方面研究不多。其中，刘东平（2010）通过研究分析认为，金融机构只有达到一定的业务规模值，才能够实现最优的规模经济效应，低于或高于这个业务规模值都不能实现最优。但在实践中，很难预估出一家金融机构达到最优规模经济效益时的业务规模值。接着，武耀华（2017）也研究指出，金融控股公司旗下拥有不同金融牌照的子公司，经营领域不同，可以对客户提供互相补充的金融服务，形成加总汇合的效应，实现规模经济。然后，万魏（2018）认为，金融控股公司旗下不同的专业性金融机构能够为企业提供差异化的金融行业服务，比如商业银行能够为企业提供贷款融资业务服务，证券公司能够为企业提供投行业务服务，保险公司能够提供财险、寿险、养老保险等综合性保险服务；各金融子公司之间的金融业务可以互相补充，实现规模经济。范云朋、尹振涛（2019）也研究认为，大型金融控股公司通过扩大业务规模，带来的收益高于成本，旗下金融子公司可以在研发金融产品、开发信息管理系统、打造客户营销和销售产品渠道等方面，产生规模经济效益。

2.3.2 金融控股公司的范围经济效应

（1）范围经济理论概述

早在1975年，美国学者盘泽（Panzer）和韦林（Willing）就明确概括出了范围经济的概念。范围经济是指生产厂商在保持生产技术和设备不变的前提下，通过扩大生产的经营与服务范围，提供更多种类的产品时，引发的同时生产两种或两种以上产品时的生产成本低于分别生产每种产品的成本的合计值的现象。范围经济和规模经济相互关联，当企业提供某种产品时，随着该种产品的推广，产品规模越来越大，导致平均成本的下降，由此产生了规模经济；当企业同时提供不同种类的金融产品时，所付出的成本比分别提供产品时的成本总和下降，由此产生了范围经济效应（高鸿业，2021）。

金融机构在日常经营管理中，如果通过增加业务或产品种类，导致边际成本下降或边际效益增加，则说明存在范围经济，反之，说明范围不经济。范围经济一般作为研究金融机构多元化经营的重要理论依据。与其他非金融行业比较，金融行业的资产专用性比较低，关联性比较强。金融控股公司实施多元化经营，比其他行业的关联性比较优势明显，更容易降低边际成本，增加边际收益，实现范围经济（刘鹏，2017）。根据范围经济理论，结合金融控股公司模式，范围经济可以具体分为生产的范围经济、消费的范围经济、声誉的范围经济等三类：

①生产的范围经济。如果企业联合生产多种商品的成本低于分别生产每一种商品的成本的合计值，那么就存在生产的范围经济。金融产品是比较特殊的商品，不同的金融产品之间资产专用性比较低、相关性比较强，在产品研发过程中可以共同使用研发专家、综合运用资金渠道、共享客户需求的信息，形成合成效应，从而多个金融产品可以分摊研发费用、营销成本等，降低每一单位的运营成本，实现范围经济（范云朋、尹振涛，2019）。

②消费的范围经济。如果企业生产的多种商品可以互补，通过产品的整合，可以降低客户的购买成本，提升企业的边际效益，实现消费的范围经济。金融产品互补性比较强，金融控股公司可以为客户提供银行、证券、保险等"一揽子"产品服务，进而为客户提供方便、快捷的服务，从而

降低客户寻找金融产品的时间成本、信息成本和交易成本等。金融控股公司可整合金融产品和服务资源，为同一个客户提供贷款、理财、基金、保险等交叉销售，降低了企业的销售成本和信息成本，从而实现消费的范围经济。如果存在此类消费的范围经济，客户可能会愿意支付更高的价格购买此类方便、快捷的综合金融产品服务（万魏，2018）。

③声誉的范围经济。企业的商品等若具有良好的信誉，可以进行外溢，提升整体的信誉，产生声誉的范围经济。金融控股公司旗下拥有商业银行、信托公司、人寿保险公司等子公司，如果商业银行的信誉非常好，品牌优势明显，就会促进证券公司、保险公司的声誉的提升，有利于提升金融控股公司整体的美誉度（刘鹏，2017）。

（2）国外对金融控股公司范围经济的研究

20 世纪 80 年代以来，国外的学者对金融控股公司的范围经济效应进行了研究，通过实证研究等方式，对美国、欧洲的全能型银行、金融控股公司等进行了分析，得出以下主要结论。

部分学者支持金融控股公司拥有范围经济。金融控股公司可以通过旗下多元化的金融机构，根据客户的需求，对不同金融行业的产品进行匹配设计，为客户提供综合金融服务，降低边际成本，增加边际收益，获得范围经济。

一些学者通过实证研究等方法，研究表明金融控股公司可以实现范围经济效应。其中，克拉克（Clark，1988）对美国的全能型银行进行了实证研究，结果显示，通过对部分多元化的金融业务、金融产品进行组合管理，可以有效地降低整体的成本，创造的产品的整体收益率也大幅度高于单个产品的收益率，实现了范围经济效应。全能型银行旗下的金融机构可以与集团和其他金融机构共享客户资源、销售渠道、品牌价值、良好声誉等，提升市场竞争力，产生范围经济。接着，斯坦海尔（Steinheer）和胡维尼尔（Huveneers，1990）通过研究指出全能型银行拥有多元化的金融产品，可以通过将固定成本分摊至各金融产品，降低边际成本，实现范围经济。

佛瑞特（Forestier，1993）研究认为，金融机构之间联合为客户提供综合化金融服务，可以获得范围经济。瑞建（Rajan，1996）[1]通过研究也表明，采用金融控股公司模式可以提升金融机构的竞争能力，产生范围经济效应。后来，沃尔特（Walter，1997）对全能型银行进行了实证研究，认为全能型银行具有网络经济效应，可以在金融机构与客户之间形成一种网络格局，保持密切联系，降低信息成本，提升客户价值，实现范围经济效应。焦恩（Joao，1998）认为，随着金融行业的发展，企业的资金需求来源发生了较大的变化，由以前的从商业银行进行信用和抵押借款等间接融资为主，转变为以依靠资本市场进行发行股票、债券等直接融资为主。金融控股公司通过开展多元化经营，可以满足企业客户各个阶段不同种类的融资需求，提升其融资的效率，有利于维护长期、持久的客户关系，产生了范围经济。金融控股公司旗下的金融机构还可以多角度地获取和共享客户信息，保持金融机构之间信息的对称性，有效防范业务风险。所以，实现潜在的范围经济和发挥信息共享优势，是商业银行从事证券业务的主要动机。

部分学者通过对全能型银行和专业性金融机构的运营效率、成本支出等角度进行对比分析，得出了金融控股公司具有范围经济效应的结论。本斯顿（Benston，1994）对全能型银行和专业性金融机构运营效率等进行了对比分析，研究认为全能型银行的运营效率高于专业性金融机构，比专业性

---

[1] Rajan. *Financial Dependence and Growth* [R]. 1996.

第 2 章 文献综述

金融机构更能获得规模经济效应和范围经济效应。同时，也研究发现组织模式并不一定具有决定性影响，有的专业性金融机构在同全能型银行竞争中，形成了自己的竞争优势，并不完全差于全能型银行。接着，卢埃林（Llewellyn, 1996）从成本对比分析的角度对金融控股公司进行了研究，研究结论为金融控股公司可以利用旗下商业银行现有的营业网点等营销渠道，销售旗下其他金融机构的各类金融产品，降低单位成本，即存在范围经济效应。文内特（Vennet, 1998）通过对欧洲金融集团和专业性金融机构对比发现，前者能够获取范围经济等效应，收入效率显著地高于后者，拥有有更强的盈利能力。然后，卡纳塔斯（Kanatas, 2003）对金融机构合并银行业务和证券承销业务前后的业务开展情况进行了对比分析，发现两类业务合并后，金融机构承揽企业的证券发行业务的成功率提高，拓宽了盈利来源，又提供了一个支持范围经济的有力证据。

一些学者的研究结论并不支持金融控股公司存在范围经济。金融控股公司由于受到监管要求、经营环境等限制，不容易获得潜在的范围经济。例如阿梅尔（Amel）、巴恩斯（Barnes）、帕内塔（Panetta）和萨莱奥（Salleo, 2004）先后对四个发达国家和地区的金融机构 20 年的经营情况进行了动态分析，这四个发达国家和地区为欧洲、美国、日本和澳大利亚，研究结论为没有发现比较充分的证据表明金融机构存在范围经济效应。接着，波特（Boot）和施迈茨（Schmeits, 2005）认为，业界尚未建立大家普遍认同和能够准确地衡量金融控股公司发挥规模经济效应和范围经济效应情况的评价指标体系；此外，研究认为，因为金融控股公司受到国内外宏观经济形势、监管要求、金融机构并购等多方面的影响和约束，不能简单地只对某一个金融控股公司发挥规模经济和范围经济效应情况进行分析和评价。

(3) 国内对金融控股公司范围经济的研究

大部分国内学者认为金融控股公司旗下各金融子公司同属于金融行业,在客户、销售渠道、信息等方面可形成资源的共享和运用,拥有范围经济。

早在 2001 年,夏斌(2001)[1] 分析认为金融控股公司对旗下银行、证券、保险等子公司的资源进行整合,子公司间通过客户信息的共享,可以互相推荐客户,实施金融产品的交叉销售,提升金融产品的销售量和市场占有率,实现范围经济效应。霍爱英、高晓华和范萌萌(2006)[2] 指出银行、证券、保险等金融机构虽然均属于金融行业,但属于不同类别的专业性金融机构,分别具有本专业性金融机构特有的优势,可以在为企业提供融资服务、信息共享、风险管理等方面互相补充,这些支撑其具有范围经济优势。接着,戴媛(2014)通过研究指出,金融机构采用并购的方式,可以在销售渠道方面实现互补,例如银行、证券公司、保险公司、信托公司、基金公司可以发挥各自所在行业的销售渠道等优势,实现产品销售资源的共享。

正如郭凡礼(2015)所言,商业银行和保险公司可以签订战略合作协议,共享客户信息,为客户提供综合化金融服务。后来,武耀华(2017)、李然(2018)对金融控股公司和专业性金融机构提供金融服务效益进行了对比分析。首先,金融控股公司可以通过建立金融统一服务平台,实现交叉销售,为客户提供不同金融行业的"一站式"金融产品和服务,而客户到一家专业性金融机构只能购买特定的金融产品或者多次到不同的专业性金融机构购买,金融控股公司

---

[1] 夏斌著. 金融控股公司研究 [M]. 北京:中国金融出版社,2001.
[2] 霍爱英,高晓华,范萌萌. 论金融控股公司存在的理论依据 [J]. 财会月刊,2006 (20):71 – 73.

降低了客户购买金融产品的时间成本,缩短了购买流程,提升了客户的满意度;其次,金融控股公司旗下专业性金融机构通过共享营销渠道,可以降低销售渠道成本,同时也可以分摊维护客户的成本。此外,研究发现,有的客户认为在同一金融控股公司购买不同金融机构的多种金融产品,会降低其风险分散效应,可能会减少在该金融控股公司购买产品数量。

2.3.3 金融控股公司的协同效应

(1) 协同效应理论概述

协同理论(Synergetics)也称"协同学"。美国战略学家安索夫将协同战略引入管理学(安索夫,1965),接着,德国哈肯总结并提炼出了协同的概念(哈肯,1971);后来,哈肯又对协同理论进行了系统性地叙述(哈肯,1976)。协同理论认为整个环境中的各个系统之间存在着关联联系,系统之间既可以彼此进行影响,又可以彼此进行合作。协同效应是协同理论的三个重要方面之一。协同效应是指由于开展业务之间的互相协作产生的结果,通过系统与系统之间的相互作用而产生的整体效应[①]。

企业可以在营销、生产、管理等各个环节,通过资源共同享用等方式,促进成本下降和收入增长,产生整体的协同效应。安索夫(1965)将协同作为战略管理的四大主要内容之一,提出协同是收购公司和被收购公司之间联合发挥优势,提升总体的效益,并认为一个企业本身就可以作为一个协同的系统,经营管理者可以利用现有的优势,在销售、运

---

① 刘古权,董衍善,李伟. 协同凭什么创造价值?——组织协同助力500强企业价值创造 [J]. 企业管理,2018 (09):92-96.

营、投资等环节,通过各独立组成部分之间的协同作用,有效地发挥企业的资源的效益,达到"一加一大于二"的效果,即企业作为一个整体创造的效果和收益大于各部门创造的效果和收益的合计值(陈硕,2020)。接着,勘倍而(2000)等指出,协同就是获得免费的搭乘,当公司某部门的资源可以零成本的被其他部门使用时,采用通力合作的方式,拓宽业务范围,促进总体利益最大化,达到边际效益递增,就产生了协同效应。随后,新得而(2004)在总结前期的研究成果基础上,提出企业可以开展多元化经营,并通过资源共同享用、信息共同享用、架构整合等方式加强部门与部门之间、子公司之间的协调和管理,达到降低运营成本,扩大经营范围,提升企业竞争力的目的。

　　金融控股公司作为企业的一种类型,因金融资产具有资产专用性低等特点,除具有一般企业的协同效应外,还具有比非金融企业更加凸显的优势。金融机构可以对各单元的金融业务进行密切地交流、合作,加大资源的深度共同享用和合作力度,促进最有效地发挥协同效应优势(李然,2018)。金融控股公司在组建的过程中,可以通过多元化经营,整合集团和旗下子公司的各种资源,拓宽经营的范围,扩大业务规模,实现协同效应(中国人民银行,2019)。金融控股公司旗下的专业性金融机构因为经营管理模式、经营业务范围、客户群体等不同,可以通过密切的沟通、深度地开展利用共有资源共同享用、企业文化整合等,实现业务互补、经营区域互补、分散风险,降低运营成本,促进集团整体的价值提升,获得潜在的超额效益,获取协同效应(范云朋、尹振涛,2019)。

　　按照协同效应发挥的作用情况,可以将其归纳为经营、管理、财务等三个方面的协同效应。其中,经营协同效应是指金融控股公司在多元化经营过程中,可以依托集团,对集

第 2 章 文献综述

团和所属专业性金融机构之间、专业性金融机构之间的资源、信息进行整合，共同研发金融产品，共同享用客户服务平台，实现不同专业性金融机构的金融产品、融资服务、客户结构等互补，打造整体品牌效应，提升集团竞争力。管理协同效应是指金融控股公司合并经营业绩较差的专业性金融机构后，通过输入先进的战略管理思维、领先的经营管理理念、重塑高效的组织机构等，可以改善并购后的专业性金融机构的经营业绩，实现"1+1>2"的目的。财务协同效应是指金融控股公司可以对集团和旗下专业性金融机构的财务资源进行整合，由以前专业性金融机构自行进行财务管理转变为集团对财务进行整体性管理，平衡不同专业性金融机构的现金流、融资渠道、融资成本等，达到降低融资成本，拓宽融资渠道，提升资金使用效率（陈硕，2020）。

实现协同效应的方式有多种，其中，在产品研发、金融服务、日常营销、科技开发等方面具有独特的效果（万魏，2018）。在产品研发方面，金融控股公司可以整合集团和旗下专业性金融机构的产品研发力量，包括研发人员、资金配置、研发设备等，发挥协同研发优势；可以采用"自上而下"和"自下而上"相结合的研发模式，"自上而下"是指由处于业务前线的商业银行、证券公司、保险公司等反馈产品信息和客户需求，由集团组织产品研发优势资源进行开发，然后"自上而下"，对集中研发的金融产品推广应用，提升效率。在金融服务方面，金融控股公司在集团和专业性金融机构两个层面，可以优势互补。集团可以建立统一的金融产品和服务平台，提升为客户的整体服务能力；银行、证券公司、保险公司等之间可以可共同享用不同行业的金融产品和服务，还可以共同开发和为客户提供两个专业型金融机构之间交叉地带的金融产品，提升金融产品和服务的竞争力。

在日常营销方面，金融控股公司旗下专业性金融机构均有自己的营业网点和固定的客户，集团可以对营销渠道进行整合，对现有客户进行交叉销售。例如，商业银行的营业网点既可以代理信托公司的融资信托、家族信托、慈善信托等产品，还可以代理基金公司的基金产品，也可以深挖现有客户资源，为其提供保险公司的财产险、人寿险等服务，进而提升集团整体销售能力（钱东平，2016）。在科技开发方面，由于近年金融科技的快速发展，信息技术对业务发展起到重要的支撑作用，金融控股公司可以整合旗下专业性金融机构信息技术力量，共同应用机房、共有云等信息技术基础设备，优势互补，协同开发客户营销、日常管理等信息系统，降低运营和维护成本（刘鹏，2017）。

（2）国外对金融控股公司协同效应的研究

部分学者通过实证研究的方式，对欧洲等国家的金融控股公司进行了研究，可以通过实施战略管理、优化公司治理、推动资源整合等，较好地发挥经营协同效应、管理协同效应、财务协同效应等，但有些学者也提出了不支持的意见。

金融控股公司可以发挥经营协同效应。提摩太（Timothy）和大卫（David，2006）通过研究表明，金融控股公司可以通过开展多元化经营，推动旗下的金融子公司采取互利互惠的方式，对内部的资源进行整合，实现子公司间共同享用和集约化的经营管理。克拉弗（Claver）和安德鲁（Andreu，2009）认为，金融控股集团实现协同效应的关键不是对多元化业务进行整合，而是整合要充分且有效果，发挥旗下银行、证券公司、保险公司、基金公司的优势作用，对资源进行有效配置，促进金融控股集团整体利益最大化。霍尔茨豪泽（Holzhauser）、哈克塔尔（Hackethal）和艾尔莎（Elsas，2010）考察了9个国家的金融控股集团，选取1996年至2008年的13年财务数据，采用整体和比较分析的方式研究了协同效应，表明以银行为主体的金融控股集团可以通

第 2 章 文献综述

过多元化经营发挥协同效应，提升盈利能力，改善市场价值。百瑞（Berry，2013）对发展中国家的保险公司开展了实证研究，结果显示，保险公司实施多元化经营，提供综合金融服务，可以开展业务协同，为支撑保险公司多元化发展提供了一个有力证据。

金融控股公司可以发挥管理协同效应。坎特（Kanter，2003）通过研究认为，金融控股集团通过加强经营管理，可以实现协同效应，这是开展金融机构多元化经营的主要原因；金融控股集团主要通过开展公司治理，优化组织架构，在金融子公司之间在整合客户资源、共同享用销售渠道、共建交易平台等，实现协同效应。杰恩（Jean，2012）通过研究表明，金融控股公司主要将实施多元化经营贯穿于控股集团和金融子公司的经营理念中并将其作为战略规划安排，进行落地推进，促进集团和下属子公司开展高效率的业务协同。

金融控股公司可以发挥财务协同效应。施泰因赫马（Steinhema，1990）通过对金融控股公司和专业性金融机构固定成本支出情况的分析研究发现，金融控股公司通过开展多元化经营，可以将旗下专业性金融机构支出的固定成本，分摊至更多的金融产品，降低边际成本。文内特（Vennet，1999）搜集整理了部分欧洲国家的金融控股公司 1992 年至 1996 年这 5 年的财务数据资料，通过对涵盖银行业务和保险业务的金融控股公司与专业性银行、专业性保险公司的盈利能力情况进行对比分析，得出了金融控股公司能够共同享用内部资源，积极发挥财务协同效应，资本收益率高于专业性金融机构。刘文和胡苏（2014）① 对金融控股公司的现金流、盈利能力等情况进行了研究，选取了 2001 年至 2009 年

---

① Liu W. Chen-Min Hsu. Profit Performance of Financial Holding Companies: Evidence form Taiwan [J]. *Emerging Markets Finace and Trade*, 2014.

这 9 年的财务数据,通过动态分析表明,金融控股公司通过开展多元化经营,有利于增加现金流,保持合理的流动性,提升了单位资本的净利润贡献度,支持了金融控股公司存在财务协同效应的结论。

一些学者认为金融控股公司开展业务协同,会强迫客户进行交叉销售、发生利益冲突。桑德斯(Saunders)和沃尔特(Walteer,1994)研究指出,商业银行开展多元化经营后,会迫使旗下证券、保险、信托、基金等子公司开展交叉销售,强行向客户推荐和销售银行的贷款、理财等产品,也会迫使银行的客户通过证券公司的发债、上市融资等方式偿还贷款。罗伯特(Robert,1997)对商业银行开展多元化经营后存在利益冲突问题进行了深入研究,研究表明,商业银行通过多元化经营可以共同享用其他金融子公司的客户信息,不同金融子公司可能为获取客户产生利益冲突。例如商业银行和旗下的证券公司都可以提供理财产品发行业务,购买理财产品是客户投资的主要方式,但两家金融子公司提供的理财产品具有同质性,互相替代性较强;商业银行的客户经理为了完成理财产品销售业绩,可能会抢占证券公司的客户,造成两家金融子公司之间不必要的利益冲突。

(3) 国内对金融控股公司协同效应的研究

国内学者主要是从协同效应的定义、协同效应实现途径、并购对协同的影响等角度进行了研究,普遍认为金融控股公司拥有较好的协同效应。

有的学者对协同效应的定义进行分析。郑明高、郑小霞(2011)① 在对前期学者们的研究成果进行总结和梳理的基础上,结合金融控股公司的发展现状,认为协同效应是金融

---

① 郑明高,郑小霞. 金融控股集团协同效应研究 [J]. 生产力研究,2011 (11): 52 - 53.

第2章 文献综述

控股公司旗下不同金融子公司在竞争与合作的前提下,在日常运营管理和业务办理过程中,通过合作协同、资源共享的方式,可以加快公司资源的优化配置,促进公司总体价值的提升。

部分学者对协同效应的实现途径进行了研究。陈明(2001)指出,金融控股公司有多种实现协同效应的方式,主要是通过调整组织架构和优化业务结构实现。其中,调整组织架构可以采用对外调整服务架构,对内调整管理架构来实现;优化业务结构,可以通过由单一经营到实施多元化经营,单方面投资向多元化组合投资管理来实现。闫彦明(2008)① 对金融控股公司投资项目过程中形成的协同效应进行了重点研究分析,认为项目管理过程中的实现资金融资、选择项目进行投资、对已投资项目的经营管理、实现项目盈利等四个环节存在不同的协同效应。

董金荣(2008)通过研究认为,金融控股公司采用由集团对旗下专业性金融机构开展投资并控股,专业性金融机构采用分业的方式进行经营的模式,与专业性金融机构在经营管理方式上具有差异和独特的地方;专业性金融机构按照业务类别分别设立,专业性金融机构之间可以对资源进行共同享用、共用,发挥协同效应,提升金融控股公司的资产回报率水平。陈秋霞、于晶和刘迎非(2013)② 通过文献阅读的方式,总结提出金融控股公司可以通过四个方面产生协同效应:一是通过经济实现协同;二是通过战略管理实现协同;三是通过财务管理实现协同;四是通过运营管理实现

---

① 闫彦明. 金融控股集团投资项目的协同效应:机理、制度与管理措施[J]. 金融理论与实践, 2008 (12):18-22.

② 陈秋霞,于晶,刘迎非. 企业并购财务协同效应影响因素研究[J]. 时代金融, 2013 (17):175-178.

协同。

部分学者研究了并购对协同的影响。其中，张瑞明等（2012）[①] 通过研究认为，金融控股公司的协同效应可以通过多种方式实现：一是通过并购其他金融机构本身就可以实现协同效应；二是通过加强集团与多元化的子公司间日常运营管理，在各个方面发挥协同效应，其中，后者是发挥协同作用的主要方面。同时，也研究提出了评价协同效应发挥效果的流程和方式。首先，评估集团和子公司在发挥协同效应方面的战略管理、制度管控、资源整合能力；其次，对以上资源进行整合后的协同效应的实际效果进行分析；最后，通过对集团和子公司资源整合前后财务指标的变化来评价协同效应发挥的效果。

接着，张瑞明等（2012）认为金融机构通过并购其他金融机构本身就可以实现协同效应。后来，高侠和张双巧（2012）[②] 对金融企业并购后的协同效应进行了研究，通过研究认为，协同效应体现在两个方面：一是金融企业通过并购改善了现金流，并购后的金融机构现金流高于并购前两家金融机构之和；二是并购后提升了整体价值，合并后的金融机构整体价值也高于并购前两家金融机构之和。

2.3.4　金融控股公司的分散风险效应

（1）风险分散理论概述

1952年，马科维茨提出了证券组合理论，为实现最大化的收益和最小化的风险，应该实行分散化的投资（黄达，

[①] 张瑞明，赵永启. 金融控股公司协同效应分析 [J]. 现代商贸工业，2012，24（10）：97.

[②] 高侠，张双巧. 跨国并购财务风险与财务协同效应探析 [J]. 会计之友，2012（29）：80 – 82.

第 2 章 文献综述

2021)。现代投资组合风险理论认为通过开展资产组合管理,可以达到分散和降低风险、稳定收益的目的;风险分散的效果主要在于适当的资产组合和各资产的相关性[1]。

通过开展资产组合管理,可以分散风险。金融机构开展多元化金融业务是风险分散理论在金融行业中的应用,通过实施多元化经营可以达到分散风险的目的。以金融控股公司为例,金融控股公司经营范围比较广泛,一般投资控股了商业银行、证券公司、保险公司、信托公司、股权投资公司等,在经营环境存在不确定的情况下,比单一的专业金融机构更容易获得稳定的利润,起到对冲和降低风险的作用(万魏,2018)。开展多元化经营的金融机构,可以较快地适应市场环境发生的变化,保持客户的稳定性;拥有比较多的盈利渠道,可以减少收益的波动。收益率波动性较小的上市金融控股公司,能够获得更多股东、债权人等投资者的重视和认可,提升公司的品牌知名度,有利于后期开展融资和子公司的业务拓展(马骏,2002)[2]。美国学者曾对 2007 年美国金融危机前后的商业银行进行了对比分析,通过研究发现,经过金融危机后,倒闭银行中业务经营范围比较单一的占比达到了 80%,大多数未倒闭银行的经营范围比较多元化,业务范围包括证券交易业务等。通过比较分析得出,经营范围单一的商业银行资本充足率非常低,风险抵补能力比较差;实施多元化经营的银行,盈利渠道比较多,风险抵抗能力比较强[3]。

通过资产的弱相关性组合,可以分散风险。根据现代投

---

[1] 中国银行业协会主编. 风险管理 [M]. 北京:中国金融出版社,2021.
[2] 马骏. 金融控股公司与全能银行的比较研究——暨我国金融混业经营模式的选择 [D]. 武汉大学金融学,2002.
[3] 荣华,陈岱松. 商业银行介入证券投资基金的法律模型研究——以"混业经营"模式为视角 [J]. 海南金融,2008 (04):61-66.

资组合理论，资产组合中的各类资产可能存在相关性，对相关性较低的资产进行投资组合，可以实现较好的风险分散效果。金融控股公司投资控股的子公司，虽然存在集团和子公司、子公司间的关联交易风险，但子公司间业务比较独立，且通过建立"防火墙"制度，对其风险传递进行了隔离；通过开展低相关性的投资组合，达到对金融控股公司的整体性风险进行分散的目的（万魏，2018）。有的学者对美国银行控股公司进行了实证研究，通过研究，也发现金融控股公司经营收入相关性较低的业务，通过开展业务组合，可以分散风险，降低盈利的波动性。虽然证券业务的风险高于银行业务，但是银行业务与证券业务的收入的相关性比较低。当客户原来通过银行信贷进行融资，转为通过资本市场上证券进行融资；虽然金融控股公司的银行业务盈利下降，但是通过开展证券业务增加了整体的盈利。此外，银行控股公司可以将办理银行和证券业务时获取到的客户信息、经营情况等进行共享，降低银行业务的不良贷款和证券业务的承销等风险[1]。

（2）国外对金融控股公司风险的研究

在学术领域，关于金融控股公司风险的研究比较多。目前，在学术层面和实践层面上，尚未对金融控股公司开展综合化经营是否增加风险或者降低风险形成统一的结论。大多数学者通过研究表明，金融控股公司开展多元化经营有利于降低金融机构的多个方面的风险；也有部分学者研究认为金融控股公司实施综合化经营后，增加了监管等风险。

①大部分学者支持金融控股公司分散风险的研究。国外学者从金融机构开展多元化经营、商业银行进行综合化经营、不同金融行业的金融机构之间合并、严格限制多元化经

---

[1] 李仲林. 我国商业银行综合化经营监管制度研究［D］. 西南政法大学，2018.

第 2 章 文献综述

营等四个方面,研究了多元化经营与分散风险间的关系。

金融机构开展多元化经营可以降低风险。圣托梅罗(Santomero)和春刚(Chung,1992)以 123 家银行控股公司和 62 家专业性金融机构为研究对象,通过模拟银行控股公司对专业性金融机构进行合并的方法,对并购前后的资产收益率变化情况进行了研究,证明了金融机构开展多元化经营可以降低风险。本森(Bensen,1990)研究认为,金融机构开展多元化经营可以将不同类别的资产业务、负债业务、抵押担保业务进行组合管理,通过业务和风险的组合管理,可以降低金融机构的倒闭风险;但同时也认为,多元化的金融机构若不开展资产业务等组合管理,其主体本身并不能提高经营的安全程度。沃尔(Wall)、赖克特(Reichert)和莫汉(Mohan,1993)对美国的银行控股公司进行了研究,通过研究表明,美国的银行控股公司开展多元化经营后,比专业化的商业银行在风险控制方面能力更强,收入回报水平更高,以此证明金融机构实施多元化经营可以降低经营风险,提升报酬水平。桑德斯(Saunders)和沃尔特(Walter,1994)通过采用风险模拟的方法对金融控股公司进行了研究,研究表明,金融控股公司开展多元化经营可以降低扩张的风险,主要因为:一是可以稳定收入来源,其中,开展三项核心的主营业务能够形成稳定的利润来源;二是可以稳定现金流,两个以上的业务部门可以拥有不同的现金流量,且不同业务部门之间的相关性比较低。

商业银行进行综合化经营可以降低风险。查尔斯(Charles)和安德鲁(Andrew,2004)研究指出,商业银行开展多元化经营,可以借助金融子公司的形式对风险进行隔离,比如商业银行和股权投资公司分别经营低风险的企业和个人贷款、高风险的股权投融资等业务,通过隔离经营,减少监管套利,防范道德风险。宋伟(2012)认为,商业银行通过开展综合化经营，可以及时应对外部经营环境发生的变化，提升自身竞争能力，分散经营的风险。焦恩等（Jane et al.，2012）采用回归分析的方法，对商业银行的多元化经营程度和相关风险波动情况进行了研究，通过研究表明，商业银行可以通过实施综合经营，降低经营风险。

不同金融行业的金融机构间合并可以分散风险。沃雷（Wall）和艾森贝斯（Eisenbeis，1984）通过研究1970年至1980年的金融控股公司经营数据表明，商业银行主要经营业务的收入和证券公司的经纪业务佣金手续费收入之间呈现负相关性，金融机构开展多元化经营可以降低营业收入的波动，有利于降低经营风险。本斯顿（Benston，1989）认为，如果金融机构可以同时为客户办理商业银行业务和投资银行业务，那么金融机构可以提升报酬回报水平，也不会增加总体的风险。接着，有博伊德等三位学者分别对金融机构之间的并购进行了模拟研究，其中，博伊德（Boyd，1993）对美国的银行控股公司合并人寿保险公司进行了模拟研究，格雷厄姆（Graham，1993）对银行控股公司合并财产保险公司进行了模拟研究，休伊特（Hewitt，1993）对银行控股公司合并证券公司进行了模拟研究，通过以上分析表明，美国的银行控股公司如果对人寿保险公司、财险保险公司进行并购，可以降低风险；如果对证券公司进行并购，则会增加经营风险。后来，理查德（Richard）和罗伯特（Robert，1995）研究设立了不同金融行业间金融机构间合并后的风险评价指标，即资产收益率的变化系数；通过研究表明，银行业和保险业金融机构合并后，风险呈现负相关作用，银行业金融机构开展保险业务可以降低风险。夸万（Kwan，1997）研究了美国的银行控股公司与附属证券公司之间相关风险情况，研究表明银行控股公司与附属证券公司之间的收益相关性非常低，银行控股公司开展证券业务可以分散风险。

第2章 文献综述

严格限制比允许商业银行开展多元化经营发生危机的概率要高。巴特（Barth）、卡普里奥（Caprio）和莱文（Levine，2000）分别对允许和严格限制商业银行开展非银行业务的国家发生危机的概率进行了对比研究分析，通过实证研究表明，严格限制商业银行为客户提供商业保险、证券业务等服务，制约了商业银行提高运营的质量和效果，提高了银行业发生危机的概率，影响了金融的稳定性。巴特（Barth）、卡普里奥（Caprio）和莱文（Levine，1998）通过设立金融市场跨期计量模型进行实证研究表明，限制商业银行开展证券业务等非银行业务与允许商业银行开展非银行业务相比较，发生危机的概率更高；商业银行为了避免信息不对称性等导致的道德风险发生，会为客户提供多元化的金融服务。

②部分学者认为金融控股公司增加风险的研究。国外部分学者从风险监管、金融机构并购等角度，研究认为金融控股公司存在多个维度的监管风险；与单一金融机构相比，增加了风险，特别是商业银行和证券公司合并后风险加大等。

金融控股公司存在多维度的风险，需要加强监管。欧盟金融集团监管指引（刘鹏，2017）指出，金融集团拥有资本充足程度不高、集团内部交易较多、风险集中度较高等风险，需要加强监管。伊曼（Iman）、莱利维尔德（Lelyveld）、席尔德（Schilder，2003）认为，鉴于金融集团与单一的金融机构的规模等不同，可能面临着风险传染性更强、规模非常大而不能够让其倒闭等风险管理的问题，金融机构监管部门应该提升对金融集团的监管能力和水平。三特莫瑞（Santamero）和埃克尔斯（Eckles，2000）研究发现，金融集团内部紧密相连，且拥有多个下属金融子公司，金融子公司间的风险可以互相传染；若某个金融子公司发生危机，会形成连锁反应效应，把风险传染给其他金融子公司或集团，所以金融集团的风险传染性比单一金融机构更强。威尔马斯（Wilmarth，2002）认为，金融机构监督管理部门应该从强化监督和管理、对存款保险资金进行隔离、加强破产风险防范等三个方面，加强对金融控股公司的风险管理。威尔马斯（Wilmarth，2001）着重研究了美国金融集团存在的潜在风险，认为金融集团与单一金融机构相比，对资本配置和风险进行集中管理，提高了信用风险和市场风险的集中度；虽然采取了设置防火墙等风险隔离措施，但比较难发挥风险防控作用；当前的监管部门尚不能控制对金融集团集中度等风险的监管，也进一步加剧了系统性风险。

有些学者采用对比分析等实证研究方法，研究认为金融控股公司增加了风险。德姆塞茨（Demsetz）和斯特拉汉（Strahan，1997）采用实证研究的方法，对美国大型和小型银行控股公司进行了风险情况的对比分析，发现虽然大型比小型的银行控股公司的多元化程度高，但是多元化程度与风险程度并不成反比，相比较，大型银行控股公司的风险更高。巴尔加瓦（Bhargava）和弗拉斯（Frase，1998）认为，商业银行开展综合金融服务可能会增加风险，加大了监管的难度，例如，商业银行通过综合化经营，利用优惠贷款来承销企业债券等对不同金融行业的业务进行交叉补贴，虽然提升了商业银行的经营竞争能力，并增加了市场份额占比，但也导致商业银行的风险增加，并加大了银行监督管理部门对风险管理的难度。安德鲁（Andrew）和耶拉（Yerra，2013）构建了用于衡量金融控股公司内部治理水平的指数，并提出金融控股公司应该建立强有力的风险管理部门，加强对子公司间业务的风险管理，有效防范风险。

不同金融行业间并购后风险变化有差别，银行控股公司并购证券公司、不动产公司等会增加经营风险。首先，博伊德（Boyd，1993）通过情景分析的方法，对银行控股公司

第 2 章 文献综述

并购保险行业和证券行业金融机构前后的风险变化情况进行了研究,发现银行控股公司并购寿险公司或财险公司会降低经营的风险;但银行控股公司并购证券公司或不动产公司等非金融公司,会增加经营的风险。接着,博伊德(Boyd)、格雷厄姆(Graham)和休伊特(Hewitt, 1993)采用实证分析的方法,对 1971 年至 1987 年这 16 年间的银行控股公司经营数据进行了研究,研究表明,银行控股公司并购人寿保险公司或者财险保险公司后,经营的风险会降低,但银行控股公司并购证券公司后,可能会增加经营的风险。后来,桑德萨(Saundersa, 1994)提出商业银行开展证券业务会增加倒闭的风险;分国家看,发展中国家的商业银行开展证券业务倒闭的风险概率比发达国家要大很多。艾伦(Allen)、贾吉安(Jagtian, 2000)通过研究发现,商业银行合并证券公司或保险公司后可能会带来效益提升,但是合并后带来的风险也增加,且风险的增加程度大于效益的提升程度;商业银行开展证券业务等非银行业务,增加了系统性风险。

(3) 国内学者对金融控股公司风险的研究

国内学者主要从交叉风险传染、强化风险监管等维度,对金融控股公司的风险管理情况进行了研究。

部分学者认为开展多元化经营可以分散风险。夏斌(2001)提出,金融控股公司可以对金融机构业务进行整合,进而弥补了分业经营的限制,通过开展多元化经营,可以分散风险。李艳(2006)通过建立数学模型,对传统的商业银行和开展投资银行业务的商业银行进行了风险量化分析,研究表明适度开展投资银行业务的商业银行比传统商业银行具有分散风险作用。谢平(2004)分析说,金融机构开展混业经营时,可以通过在集团和旗下金融机构之间、金融机构之间建立防范风险的隔离墙,防止其之间的风险传染发生,对风险传递进行有效隔离。有的学者认为开展多元化经营，可能会面临风险，但能够对风险进行有效管理。蒋海和叶康为（2014）[1] 通过研究指出，金融控股公司通过加强内控管理机制建设，可以有效地防范风险。张涤新等（2013）[2] 从控制权的角度出发，指出金融控股公司可以通过采用集权或分权的方式，强化对金融风险的管理和控制，提升经营效益。

有的学者认为混业经营增加了风险。张春子、张维宸（2010）[3] 认为，与一般专业性金融机构相比，金融集团风险传递更容易。金融集团作为一个整体，如果一个单位出现问题，将影响集团整体的形象、声誉和信用。韩开创、刘洪波（2019）提出，金融控股集团作为金融机构，在原有单一金融机构面临的信用风险、市场风险、操作风险基础上，还会面临一些的特殊风险，比如集团和金融子公司之间的风险传导比较快，子公司之间关联性业务比较多，金融控股公司规模比较大，对业务具有较强的垄断等。郑雪（2020）采用回归分析的方法，研究认为商业银行开展投行业务，增加了营业收入的波动性，并不一定能够实现风险分散的效果。

有的学者认为应该加强对金融控股集团的监管。韩钰（2019）提出与一般金融机构相比，金融控股集团的信息透明性比较低，容易引发较大的道德风险，面临的风险也更加多样和复杂等，监管部门应该加大对金融控股集团内部重大资产交易、关联公司间往来交易、建立风险防火墙等的检查力度。王甲旭、尹振涛（2019）[4] 通过研究指出，金融控股

---

[1] 蒋海，叶康为. 我国金融控股公司激励相容的监管机制设计 [J]. 暨南学报（哲学社会科学版），2014，36（07）：32-42.

[2] 张涤新，邓斌. 金融危机冲击下我国金融控股公司的经营绩效——微观主体风险控制权配置的视角 [J]. 管理科学学报，2013，16（07）：66-79.

[3] 张春子，张维宸著. 金融控股集团管理实务 [M]. 北京：机械工业出版社，2010.

[4] 王甲旭，尹振涛. 中国金融控股集团风险探究 [J]. 金融博览，2019（06）：56-57.

公司采用股权的形式对金融机构进行控股，可以通过隐藏公司实际的架构，对下属金融子公司进行虚假或循环的注资，逃避监管部门的监管，进行监管套利；鉴于此，建议监管部门加大对金融控股公司股东主体的监管力度，分类采取差异化的监管措施。

2.3.5 金融控股公司促进经营绩效提升

经营绩效评价是通过运用统计学和运筹学等方法，对企业盈利能力等经营业绩进行综合评定。对金融控股公司的经营绩效评价是在对普通企业的经营绩效评价基础上发展起来的。关于经营绩效评价的概念和主要方法将在第四章重点介绍，本节主要是归纳总结金融控股公司的经营绩效研究相关文献。

（1）国外对金融控股公司经营绩效的研究

国外学者从20世纪90年代开始对金融控股公司经营绩效进行了探索，主要的研究对象为欧洲、美国、日本的金融集团。国外的学者主要是对欧洲和美国的金融控股公司采用对比分析、回归分析等方法对金融控股公司的经营绩效进行了实证研究，大多数的学者通过实证分析，支持金融控股公司模式促进了经营绩效的提升，也有学者提出了不一致的意见。

部分学者采用分类对比研究的方式，认为开展多元化经营的金融机构经营绩效优于较单一的金融机构。巴特（Barth）、诺尔（Nolle）和瑞思（Rice，1997）选取19个欧盟国家和十国集团的142家商业银行作为研究样本，样本的规模均位居该国家前10名，具有较好的代表性；对商业银行开展和不开展非银行业务进行了经营绩效的对比分析，研究结果表明，开展证券、保险等业务的商业银行经营绩效优于限制开展的商业银行。杨茂瑞（Yamori，2003）① 对日本的金融控股集团进行了研究，采用对专业性商业银行和金融控股集团旗下商业银行对比研究的形式，认为金融控股集团旗下商业银行具有更高的经营绩效。巴特（Barth）、卡普里奥（Caprio）和莱文（Levine，2000）对限制银行开展多元化经营进行了实证研究，通过分析认为，限制从事证券、保险、投资等业务的商业银行发生危机的可能性并不低于允许开展混业经营的商业银行。

芮恩德（Reinvaded，1993）考察了欧洲的一些典型的银行，采用对比分析和回归分析的方法进行了研究，根据业务的经营范围差异，将商业银行分为专业性金融机构、金融控股集团、全能型银行等三类；通过研究表明，金融控股集团的收入效率高于专业性金融机构，全能型银行的成本效率优于专业性金融机构。文内特（Vennet，1999）对荷兰和比利时的金融集团、专业性商业银行、专业性保险公司等进行了研究，其中选择的金融集团既提供银行服务，又提供保险服务；研究方法采用经营绩效对比分析方法，通过研究表明，金融集团的净资产回报率高于其他金融机构。克罗诺普洛斯（Chronopoulos），吉拉多内（Girardone，2011）也采用对比分析的方法，对欧洲 10 个国家的金融集团、专业性商业银行进行了研究，数据来源于其 2001 年至 2007 年的财务报告，通过研究也证明了金融控股公司的经营效率优于专业性商业银行。

部分学者采用数据包络分析法等进行了实证研究，支持金融控股公司模式可以改善经营绩效。伯杰（Berger）、汉考克（Hancock）和汉弗莱（Humphrey，1993）采用参数边

---

① Yamori. Are banks affiliated with bank holding companies more efficient than independent banks? The recent experience regarding Japanese regional BHCs [J]. *Asia-Pacific Financial Markets*, 2003 (10 (4))：359 – 376.

第 2 章 文献综述

界法对美国的全能型银行的利润情况进行了研究,得出的结论为,全能型银行盈利能力增强的主要原因是由于营业收入端的增加,而不是营业成本端支出的减少,带动了净利润的增加。文内特(Vennet,1999)将金融机构分为金融集团、专业性商业银行、专业性保险公司等三组,选取了 1992 年至 1996 年的财务报表数据,采用净资产收益率等四个指标构建了评价指标体系,并通过研究三组金融机构这四年相关指标的平均值,表明金融集团的经营绩效和净资产收益率均位列三组金融机构中最高。

斯蒂罗(Stiroh,2004)[1] 考察了美国的 661 家金融控股公司,选取了以上机构 1991 年至 1997 年的财务数据,采用成本收益函数的方法处理了经营利润等指标,发现这 6 年的时间中金融控股公司的经营绩效不断提高,其中关键生产效率的改善是主要原因。考舍尔(Kosher,2000)搜集整理了美国在 1991 年至 1996 年期间进行过并购交易的 94 家金融控股公司的数据资料,并通过数据包络分析法(DEA)进行了研究,得出的结论是:金融控股公司的利润效率高于金融机构的平均水平,成本效率比金融机构平均水平低。拉德曼(Laderman,2000)对商业银行经营证券业务的经营绩效进行了研究,通过设置报酬率指标来评价,研究结果表明,商业银行业务和证券承销业务之间的报酬率呈正相关关系,商业银行开展证券承销业务可以增加收入。

有些学者在理论层面进行了研究,认为开展多元化经营有利于改善经营绩效。沙克(Schaeck,2008)[2] 认为,金融

---

[1] Stiro K J. Do Community Banks Benefit from Diversification [J]. *Journal of Finanical Services Research* [J]. Journal of Finanical Services Research, 2004 (25): 135 – 160.

[2] Schaeck. On measuring concentration in banking systems [J]. *Finance Research Letters*, 2008 (03): 59 – 67.

机构可以通过开展多元化经营，为客户提供"一揽子"的综合化金融服务方案，促进金融机构经营绩效的提升。佩尔万（Pervan，2012）对克罗地亚的金融控股公司进行了考察，研究认为金融控股公司通过开展多元化经营，能够促进经营绩效提升。斯蒂罗（Stiroh）、瑞姆博（Rumble，2006）[①]对美国银行控股公司进行了实证研究，研究的时间维度为1997年至2002年这5年，通过对相关财务数据分析认为，银行控股公司通过开展多元化经营可以获取更高盈利能力；虽然开展多元化经营带来的非利息收入具有一定的波动性，但其带来的营业收入增加弥补了非利息收入的波动性。

有些实证研究结果并不支持金融控股公司对改善绩效起到积极作用。斯蒂罗（Stiroh，2001）[②]以美国的661家金融控股公司作为研究样本，其资产规模分布于3800万元到3660亿元之间，根据自由分布法（DFA）对1991年至1997年间的数据进行了处理，研究发现大型和小型金融控股公司的成本效率差距不大，大型金融控股公司的经营绩效不一定高。耶格尔（Yeager）和哈什曼（Harshman，2004）[③]对美国上市的金融控股公司进行了动态分析，选取了两个时间阶段的资产负债表、损益表等财务报表进行对比分析，其中，将1996年到1999年这三年作为第一个时间阶段，将2000年到2003年这三年作为第二个时间阶段；通过对比分析得出以下结论：第二个时间阶段的股票收益低于第一个阶段，也说明在比较短的时间内金融机构开展多元化经营并不能够

---

① Stiroh, Rumble. The Dark Side of Diversificication: The Case of US Financial Holding Companies [J]. *Journal of Banking and Finace*, 2006 (30): 2131 - 2161.

② Stiroh. Comments on morgan and Stiroh [J]. *Journal of Financial Services Research*, 2010 (35 (2)): 99 - 118.

③ Yeager, Harshma. *The financial modemization act: Evolution or Revolution* [R]. 2004.

第 2 章　文献综述

促进经营绩效地提升。

（2）国内学者对金融控股公司绩效考核的研究

2020年11月，国内《金融控股公司监督管理试行办法》开始实施，该办法在我国首次明确了金融控股公司的定义。由于金融控股公司在我国处于初步发展阶段，国内对金融控股公司的研究比国外要晚（郭强、张琦琦、李天歌、李文君，2019），对中国金融控股公司的研究比较少，对金融控股公司实证研究和经营绩效评价方法的研究更少。

有些学者采用因子分析法、回归分析等，对国内的金融控股公司等经营绩效评价进行了探索，大部分学者认为金融控股公司模式促进了经营绩效提升，也有学者并不支持此观点。封世蓝、孙妍、邹文博（2015）① 选取了中国工商银行、中国银行等6家以银行为主导的金融控股公司进行了研究，选用资本充足率、存贷比等指标作为评价指标，选取2007年至2013年的财务数据，进行了回归分析，研究结果表明金融控股公司的总资产收益率高于专业性商业银行。夏秋（2007）② 以上市的商业银行为研究对象，选取盈利能力、风险管理能力等指标，研究认为采用因子分析法，能够对上市银行的经营绩效进行较客观地评价。路明明（2015）通过实证手段，采用因子分析法，对我国国有大型商业银行和股份制商业银行2009年至2013年多元化发展与经营绩效的关系进行了研究，通过研究表明，国有大型商业银行多元化发展速度快于股份制商业银行；多元化发展程度与经营绩效之间的关系不一定完全是正向的，其中股份制商业银行是正向关系，国有大型商业银行是先上升后下降的关系。唐建

---

① 封世蓝，孙妍，邹文博. 中国金融控股公司的经营绩效和风险研究 [J]. 贵州财经大学学报，2015（03）：49-57.

② 夏秋. 商业银行财务绩效评价指标体系研究 [J]. 经济问题，2007（08）：111-113.

新、杨乐和黄琼（2010）以我国部分商业银行为研究样本，选取从 2005 年到 2007 年这 3 年的经营情况进行研究，并将商业银行分为两类：一类是金融控股公司旗下的商业银行（简称"金控银行"）；另一类是不具有金融控股公司背景的商业银行，并采用因子分析法对经营绩效进行了评价，研究表明金融控股公司旗下的商业银行经营绩效优于不具有金融控股公司背景的商业银行。

部分学者采用对比分析法等对中国台湾地区的金融控股公司经营绩效进行了研究。2001 年 6 月，中国台湾地区发布并实施了"金融控股公司法"，经过 10 多年发展，其金融控股公司已形成一定规模，普遍认为金融控股公司模式改善了经营绩效。姚富元（2007）[①] 以 13 家金融控股公司旗下的商业银行和 22 家传统的商业银行为研究样本，选取 2002 年至 2005 年这 4 年的财务报告作为数据来源，采用多元产出超越对数利润函数模型，通过最小平方法得出了利润效率值，研究结论为，拥有金融控股公司背景的商业银行的经营绩效优于专业性商业银行；金融控股公司并购商业银行后，可以提升商业银行的经营利润。纪台英（2003）采用实证研究的方法，对台湾地区 12 家上市的金融控股公司进行了分析；数据采用 2001 年至 2002 年的财务报告，通过随机边界成本函数法对其经营绩效进行了研究，结论为规模较大的金融控股公司比较有效率。江慧和郑大川（2018）[②] 在台湾地区颁布"金融控股公司法"以后，考察了 33 家商业银行，其中 12 家为金融控股公司旗下的商业银行；通过对

---

① 姚富元. 台湾地区金融控股公司子银行与一般银行经营绩效分析 [D]. 中国台湾：中兴大学，2007.

② 江慧，郑大川. 金控与非金控经营绩效探讨——从台湾银行业视角出发 [J]. 现代营销，2018（10）.

第 2 章 文献综述

比分析得出,金融控股公司旗下的商业银行经营绩效优于非金融控股公司背景的银行。

2.4 本章小结

金融控股公司在我国大陆地区尚处于初步发展阶段,而且前期在法律和监管制度方面未对其经营和管理进行规范,国内和国外对中国的金融控股公司和相关经营绩效评价方面的理论、评价方法、实证分析的文献非常少,目前主要以探究中国金融业经营体制改革的必要性和监管模式选择的研究为多。

本章首先讨论了金融控股公司的内涵,梳理了概念,研究了主要类型和特征,论述了国内和国外学者的研究现状,并对其支撑理论进行了研究。金融控股公司的支撑理论包括规模经济等理论,他们分别从不同的角度出发研究,为本书提供了理论基石。本章在回顾金融控股公司规模经济、范围经济、协同效应、风险分散等理论方面的研究基础上,同时介绍了经营绩效的最近研究,这些理论将用于对中国金融控股公司经营绩效的实证研究和分析。

第 3 章

中国金融控股公司发展

本书阐述了中国金融控股公司产生的宏观经济背景,梳理了中国金融综合化经营发展的历程,总结了中国金融控股公司的分类,剖析了三个典型案例,并提出了三个研究问题。

3.1 宏观经济背景

最近几年以来,世界经济增速放缓,中国经济增速由高速增长进入中高速度增长,利率市场化和资本市场化等金融改革深入推进,直接融资占比逐步上升,金融和科技深度融

第3章 中国金融控股公司发展

合,企业和居民的理财和投资多元化,传统银行盈利增速下降。从欧美发达国家的金融机构发展经验看,金融机构开展综合化经营,是应对宏观经济变化、客户需求多元化、增强盈利能力和风险抵御能力的重要方式。国内部分金融机构通过成立、并购等方式,控股有了多种类型的金融牌照公司,转型为了金融控股公司。

3.1.1 国内外经济增长放缓

世界经济增速放缓。2007年以来,随着美国发生次级房屋信贷行业危机,国际上市场竞争更加激烈,国家之间商业贸易的冲突不断增加,全球经济增长的速度逐渐降低。根据世界银行(2019)公布的数据,全球生产总值(GDP)规模为85.79万亿美元;增速由2007年的12.63%,下滑至2018年的6.06%,下降了6.57个百分点[①]。2007年至2018年全球生产总值情况具体详见图3-1,总体复苏疲弱态势没有明显改观。

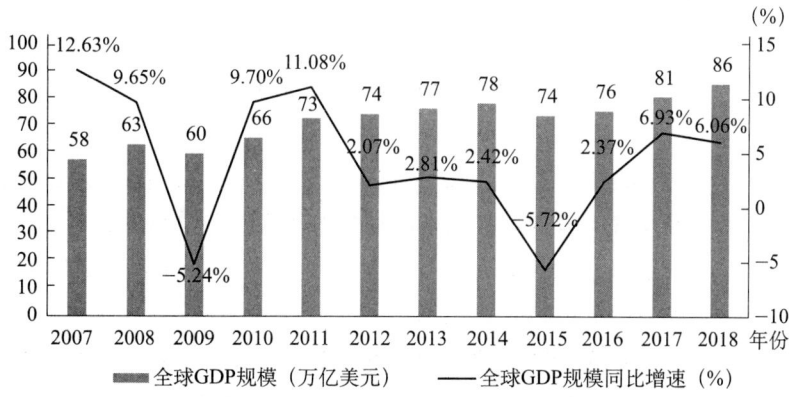

图3-1 2007—2018年全球生产总值情况

资料来源:世界银行网站。

---

① 世界银行.2019年世界发展报告[R].华盛顿:世界银行,2020.

中国经济进入新常态。在过去的几十年，中国经济一直以高速的状态发展。根据国家统计局公布（2019）[①] 国内生产总值增速多年维持 10% 以上，2000 年国内生产总值突破 10 万亿元。1998—2008 年，中国经济从高速增长转向中高速增长，国内生产总值增速下滑至个位数，具体详见图 3-2。

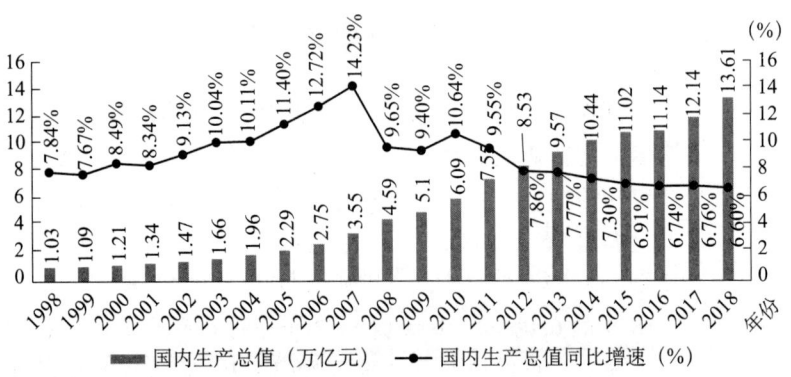

图 3-2　1998—2018 年中国国内生产总值情况

资料来源：中国国家统计局网站。

3.1.2　利率市场化深入推进

近年，中国人民银行进一步加快推进利率市场化改革，并取得积极成效。利率市场化改革后，传统商业银行的客户需求发生变化，存贷款利差缩小，加大了市场间的竞争力度，盈利能力日趋减弱。

首先，客户的金融服务需求发生变化。随着利率市场深入推进，企业和居民的金融服务需求发生了较大变化，由传统地办理存款和贷款业务，转为进行理财和投资等业务。商

[①] 国家统计局. 2018 年国民经济和社会发展统计公报 [R]. 北京：国家统计局，2019.

第3章 中国金融控股公司发展

业银行迫切需要加快推进转型,由仅提供存款、贷款、结算等金融服务,向提供资产管理、债券发行、IPO 上市辅导、融资租赁、保险服务等新兴业务转型;通过为客户提供"一揽子"的综合化金融服务,提升价值创造能力。商业银行需通过经营体系的重新塑造,建立起金融业务多元化发展、盈利可持续增长的经营模式。

其次,市场竞争力度加大。利率市场化改革前,商业银行的不同期限的存款利率和贷款利率按照人民银行颁布的管制利率执行。利率市场化改革后,商业银行根据客户的风险状况、收益情况等自行确定存款利率和贷款利率。各家商业银行为吸引客户,将加大存款和贷款利率等的竞争,商业银行间的市场竞争压力加大。同时,证券公司、资产管理公司、消费金融公司等可以通过多种渠道和方式为企业与个人客户提供融资服务。商业银行面临的市场竞争压力加大,需由单一的依靠存贷款利差盈利的传统模式向为客户提供交易投资、财富管理等模式转变。2018 年中国银行业非利息收入占比为 22.11%,较 2011 年提高了 2.81 个百分点(中国银监会,2019)。2011—2018 年中国银行业非利息收入占比情况如图 3-3 所示。

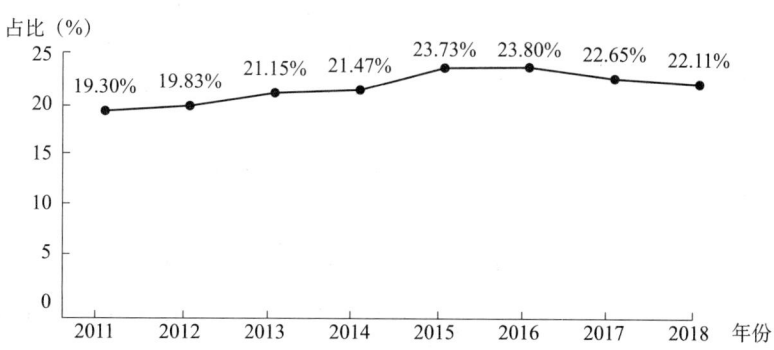

图 3-3 2011—2018 年中国银行业非利息收入占比情况

资料来源:中国银保监会网站。

最后，盈利增长呈下降趋势。利率市场化改革后，存款和贷款的利率由政府管制的固定利率调整为由资金市场的供给和需求确定。受监管政策和市场环境变化、金融市场波动等影响，存贷款利差进一步收窄且波动性增大。目前，商业银行的利润主要来源于吸收存款和发放贷款带来的利率之间的差额收入，其带来的收入不断减少而且起伏不定的幅度逐步扩大，将导致其盈利的不确定性加大，增长放缓。近年，中国银行业的资本利润率、资产利润率、净息差均呈下降趋势。其中，中国银行业2018年净息差为2.18%，较2011年下降0.52个百分点；2018年资产利润率0.90%，较2011年下降0.4个百分点（中国银保监会，2019）。这些变化趋势如图3-4所示。

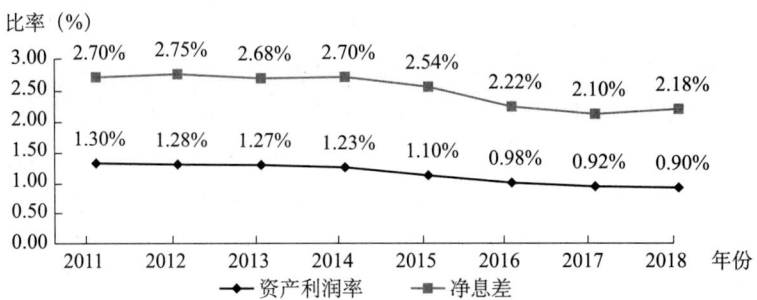

图3-4 2011—2018年中国银行业净息差情况

资料来源：中国银监会.2018年商业银行主要监管指标情况表［R］.北京：中国银监会，2019.

3.1.3 "金融脱媒"步伐加快

伴随着资本市场改革力度加大，融资结构发展不断多元化，企业和居民投资需求多种方式，直接融资占比提高，"金融脱媒"的步伐加快。

一是企业和居民理财多方式。利率市场化改革之前，企

第3章 中国金融控股公司发展

业和居民的存款主要是存放在商业银行,且各家商业银行的利率均按照中国人民银行要求执行同期限同样的利率。伴随着利率市场化和资本市场改革,企业和居民的存款可以直接投向收益率更高的私募基金、股权投资、购买上市公司股票等。因监管对商业银行投资标的范围管理比较严格,商业银行的存款利率和理财的收益率会比较低。这会造成企业和居民的存款大量地从商业银行转出,投向更高收益的产品,进而加大了商业银行的流动性风险。

二是直接融资占比逐步提高。伴随着资本市场的改革,特别是股票上市的注册制等全面实施,企业的融资渠道多元化,可以选择上市、增发股票、发行信用债券、股权投资等直接融资方式进行融资;通常,直接融资成本要比间接融资成本低。近年来,中国社会融资规模中直接融资占比显著上升。2018年末,中国直接融资占比为13.52%,较2013年末提高8.29个百分点①。2013—2018年末中国直接融资占比情况如图3-5所示。

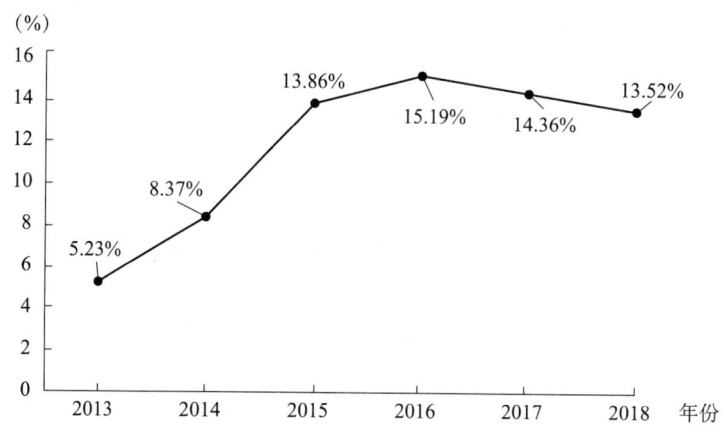

图3-5 2013—2018年末中国直接融资占比情况

资料来源:中国人民银行网站。

---

① 中国人民银行. 2018年社会融资规模统计表[R]. 北京:中国人民银行, 2019.

3.1.4 金融科技快速发展

新一代信息技术与金融行业深层次进行融汇发展,对商业银行形成强大的竞争力。一是第三方移动支付通过快捷、便利、免费的技术服务,吸引了广大用户,使得他们从商业银行分流出来,极大减少了商业银行在相关业务手续费及佣金方面的收入;二是大数据统计和运用、分布式共享记账技术、网络云计算和存储、人工智能等新兴技术不断出现,加快推进我国金融业改革和创新步伐,促进了互联网和手机移动支付结算、互联网贷款、智能化投资和理财顾问等新业态产生。

大型互联网企业纷纷进入金融行业,加大了与商业银行之间的竞争力度。一是互联网企业依托互联网优势,申请设立金融机构。2015年,阿里巴巴集团和腾讯集团利用前期经营电子商务积累的资本金,分别申请设立了浙江网商银行和前海微众银行,凭借互联网平台的客户基础和技术优势,采用线上服务代替线下营业网点服务模式,为客户提供24小时和全空间的银行服务。二是互联网企业依托互联网技术,提升金融服务质量。互联网企业依托现有的大量的线上客户资源,在提供互联网服务基础上,积极开拓银行业务,提供手机移动支付、大数据征信、智能化风险管理和控制、定制化理财等个性化服务,满足客户多样化的需求。2014年10月,蚂蚁金服成立。蚂蚁金服通过大数据算法,创造了"3-1-0"在线借贷模式。"3"即申请贷款的过程需要3分钟,"1"即系统处理贷款申请仅仅需要1秒钟,"0"即不需要人工操作。2014年至2017年3年的时间里,400万家小型企业通过蚂蚁金服获得了方便、快捷的贷款。截至

第 3 章　中国金融控股公司发展

2018 年末，蚂蚁金服旗下的支付宝公司及其附属公司拥有的活跃用户的数量为 10 亿（世界银行，2020）。

3.2 中国金融综合化经营发展历程

1995 年至 1998 年，我国先后颁布了《中华人民共和国商业银行法》[①]《中华人民共和国保险法》[②] 和《中华人民共和国证券法》[③] 等，明确了商业银行、证券公司、保险公司等按照行业分别进行经营和监督管理的原则，基本形成了分业经营、分业监管的格局。

2000 年以来，金融行业全球化步伐加快，金融市场创新快速发展；中国金融业在原有的分业经营基础上，逐步开展综合化经营。2002 年，国务院批准将中信集团、光大集团和平安集团等在金融行业中率先实施综合化的经营，标志着中国金融业从前期的分业经营和监管阶段逐步进入综合化经营和监管阶段。2005 年 2 月起，国务院允许商业银行成立基金管理公司，中国工商银行、中国银行、中国建设银行等多家商业银行陆续向监管部门申请并核准设立了基金管理公司，金融机构开展综合化经营的步伐加快。

---

① 全国人大常委会.中华人民共和国商业银行法［R］.北京：全国人大常委会，2015.
② 全国人大.中华人民共和国保险法［R］.北京：全国人大，1995.
③ 全国人大.中华人民共和国证券法［R］.北京：全国人大，1998.

2008年2月,《金融业发展和改革"十一五"规划》①第一次明确提出将通过逐步推进金融业的综合化经营试点工作,鼓励金融机构促进不同金融行业的业务间开展协同合作,提升金融市场对资源配置的速度和质量。2012年,每3年召开一次的全国金融工作会议也明确提出将逐步推进金融业开展综合化经营试点工作。《金融业发展和改革"十二五"规划》②也明确提出,允许金融机构在将实施综合经营作为战略发展规划方向,且能够有效地防范和管理金融风险等条件的前提下,设立或控股不同类型的金融机构,开展综合化经营试点工作;延伸服务功能,提高多元化的金融服务能力。2013年,国务院建立了金融监管协调部际联席会议制度③,由中国人民银行牵头组织,为推动金融业综合经营发展和监管部门间顺畅地沟通,建立了良好基础。

经过10多年的发展,目前中国金融业已建立了一些综合化金融控股集团。经国务院批准开展综合化经营试点的中信集团、中国光大集团和中国平安集团等三家金融控股集团已涵盖银行、证券、保险、信托等业务,形成了金融牌照门类比较齐全的经营格局。中国工商银行、中国银行、中国建设银行等以银行为代表的银行控股集团已涵盖了银行、证券、保险等业务。上海国际集团、北京金融控股集团等一些地方政府主导的国有地方金融控股集团逐步成立。一些民营企业控股了银行、证券、保险、信托等金融机构,形成了民营金融控股集团。

---

① 中国人民银行,中国银监会,中国保监会等. 金融业发展和改革"十一五"规划[R]. 北京:中国人民银行,2019.
② 中国人民银行,中国银监会,中国证监会等. 金融业发展和改革"十二五"规划[R]. 北京:中国人民银行,2012.
③ 中华人民共和国国务院. 金融监管协调部际联席会议制度[R]. 北京:中华人民共和国国务院,2013.

3.3 中国金融控股公司分类

伴随着我国经济增长放缓，利率市场化和资本市场改革深入推进，金融行业去中介化步伐加快和信息技术水平提高，金融的创新力度加大，监管对金融行业开展分业经营的管制逐步放松。近年以来，我国金融企业通过成立、收购等方式，设立了多家金融子公司；一些不从事金融业务的企业通过申请设立、并购其他公司股权等方式，控股了多个不同金融行业的金融机构，初步搭建了具有金融控股公司性质的控股集团。

《中国金融稳定报告》（中国人民银行，2020）指出，按照投资控股金融机构的主体不同把中国的金融控股公司分为五类，即金融机构类、央企类、地方政府类、民营类和互联网类，具体见表3-1。

表3-1 中国金融控股公司类型情况表

序号	类别	公司举例
1	金融类金融机构类金融控股公司	中国工商银行、中国建设银行、中国银行、中国农业银行、交通银行、国家开发银行、招商银行、平安银行、兴业银行、光大银行、浦发银行等，中国华融资产管理公司、中国长城资产管理公司、中国信达资产管理公司、中国东方资产管理公司，中国平安保险集团、中国人民财产保险公司、中国人寿保险集团、中国太平保险集团等
2	央企类金融控股公司	招商局金融集团、中国石油资本公司、国网英大集团公司、华能资本公司、五矿资本公司、中航资本公司等
3	地方政府类金融控股公司	北京金融控股集团、上海国际集团、广州越秀集团、天津泰达投资控股公司、重庆渝富资产控股集团、江苏国信集团等

续表

序号	类别	公司举例
4	民营类金融控股公司	复星国际集团、联想集团、恒大集团、万向集团等
5	互联网类金融控股公司	阿里巴巴集团、腾讯金融科技公司、京东金融（京东数科）公司、百度金融（度小满）公司等

资料来源：中国人民银行：《中国金融稳定报告》等，2019年。

金融类金融控股公司主要是以商业银行、保险公司、资产管理公司等为母公司，母公司除了提供本金融机构的金融业务和服务外，还通过设立、投资或并购等方式，控股了信托、金融租赁、基金等其他类型的金融机构，并将其作为金融子公司进行管理，建立了为客户提供综合化金融服务的金融控股集团。

按照控股的金融机构主体类型不同，可以将金融类金融控股公司划分为银行类金融控股公司、保险类金融控股公司、资产管理公司类金融控股公司等。其中，银行类金融控股公司是以银行作为核心的控股平台，在此基础上，控股了其他非银行的金融机构。例如，中国工商银行、中国建设银行、交通银行等多家大型商业银行，采用设立或并购等方式，控股了基金公司、金融租赁公司、保险公司等，建立了以商业银行为基础的金融控股公司（刘振斌，2016）。保险类金融控股公司是以保险公司作为核心控股平台。资产管理公司类金融控股公司是以资产管理公司作为核心控股平台。主要金融类金融控股公司分类情况表详见表3-2。

表3-2　　　　主要金融类金融控股公司分类情况表

序号	类别	公司举例
1	银行类金融控股公司	中国银行、中国建设银行、中国农业银行、中国工商银行、交通银行、国家开发银行、招商银行、平安银行、兴业银行、光大银行、浦发银行等

第3章 中国金融控股公司发展

续表

序号	类别	公司举例
2	保险类金融控股公司	中国平安保险集团、中国人民财产保险公司、中国人寿保险（集团）公司等
3	资产管理公司类金融控股公司	中国华融资产管理公司、中国长城资产管理公司、中国信达资产管理公司、中国东方资产管理公司等

资料来源：《中国金融稳定报告》（中国人民银行，2019年）。

目前，国内金融类金融控股公司主要以银行类金融控股公司为主。2018年末，银行业金融机构总资产为290万亿元，占金融业机构总资产的98.8%（中国人民银行，2019）。根据上市银行类金融控股公司发布的2014年至2018年这5年的年度披露报告，对部分银行类金融控股公司持有金融牌照情况进行了梳理，详见表3-3。

表3-3　　部分银行类金融控股公司持有金融牌照情况表

银行	银行	证券	保险	信托	基金	租赁	期货
A银行	✓	✓	✓	✓	✓	✓	✓
B银行	✓	✓	✓		✓	✓	✓
C银行	✓	✓	✓		✓	✓	
D银行	✓	✓		✓	✓	✓	
E银行	✓	✓	✓		✓	✓	
F银行	✓	✓	✓		✓	✓	
G银行	✓	✓	✓	✓	✓	✓	
H银行	✓	✓	✓		✓	✓	
I银行	✓	✓	✓		✓		
J银行	✓	✓			✓	✓	
K银行	✓	✓		✓	✓		
L银行		✓			✓		✓
M银行	✓			✓			

资料来源：13家上市银行2014—2018年年度报告。

3.4 中国金融控股公司典型企业

本书选取 I 银行、E 银行、M 银行等三家典型案例进行分析。

3.4.1 I 银行

(1) 简要介绍

I 银行在 1987 年经过中国人民银行批准成立,由中国 I 集团发起创办。I 银行是中国境内第一家由企业发起创立的股份制商业银行,且股东均为企业,业务经营范围为全国。I 银行成立 30 多年以来,不断开创了中国银行业的先河,引领着中国银行业的改革步伐和前进方向。

在中国境内银行业中,第一个推出了"一卡通"借记卡,该借记卡可以将客户在 I 银行的资产、负债、办理的业务关联在同一个客户号上,实现统一的查询、管理资产的功能。第一个推出"一网通"网上银行,客户可以通过该网上银行"一站式"办理贷款、定期存款、购买理财、基金等业务,直接通过互联网即可办理业务。第一个推出双币信用卡,该信用卡按照国际标准制作,持有信用卡的客户可以出国使用,并实行人民币与外币的互相兑换。在国内商业银行中,I 银行第一个提出并打造了理财服务专属品牌,专门为个人资产超过 50 万元的客户提供理财咨询和服务,构建了服务高端客户理财的管理体系。第一个推出了智能投资咨询产品,依靠人工智能、大数据分析等金融科技手段,为客

第3章 中国金融控股公司发展

户提供智能的投资咨询服务。

在《财富》杂志公布的全球企业营业收入排名中，I银行从2010年开始连续8年进入前500强，其中2018年营业收入规模位居世界500强的第188位。2019年，I银行的一级资本规模位居全球银行业中第19名，其品牌评估价值在全球银行前500名中排名第9[①]。

（2）综合金融发展历程和组织架构

I银行于1993年在中国香港成立了I国际金融控股有限公司，于2002年成立了I银行基金管理有限公司，开始谋求搭建综合化经营平台。

I银行综合化经营架构基本形成，综合化经营格局日臻完备。从2002年到2015年的13年时间里，I银行先后成立了人寿保险公司、金融租赁公司、消费金融公司，在境外收购了P银行。其中，I银行基金公司成立于2002年12月，注册资本为13.1亿元；I银行寿险公司成立于2003年8月，是中国成为世界贸易组织成员后，第一家由国内和国外企业共同出资成立的寿险公司，注册资本为28亿元；I银行租赁公司成立于2008年3月，注册资本为60亿元。2009年，境外P银行的股权被I银行收购，P银行成为I银行旗下的金融子公司。2015年3月，I银行申请并成立了消费金融公司，注册资本金为38亿元。此外，为拓展国际化业务，I银行先后在境外设立了6家分行和3家代表处。I银行综合化金融发展历程情况详见表3-4。截至2018年底，I银行形成了以商业银行为主体，控股金融租赁公司、保险公司、消费金融公司、境外银行的国际化商业银行集团。I银行综合化金融发展组织架构详见表3-5。

---

① I银行股份有限公司. I银行股份有限公司2018年年度报告［R］. 北京：I银行股份有限公司，2019.

表 3-4　　　　　　　　　I 银行综合化金融发展历程

1993 年	2002 年	2003 年	2008 年	2009 年	2015 年
I 银行在 1993 年成立了 I 银行国际金融控股（证券）公司，注册资本港币 41.29 亿元	I 银行基金公司成立于 2002 年 12 月 27 日，注册资本 13.1 亿元	I 银行寿险公司成立于 2003 年 8 月，是中国成为世界贸易组织成员后，第一家国内和国外企业共同出资成立的寿险公司注册资本金为 28 亿元	I 银行租赁公司 2008 年 3 月设立，注册资本 60 亿元	2009 年 I 银行完成对 P 银行股权的收购，P 银行成为 I 银行子公司	2015 年 3 月，成立 I 银行消费金融公司，注册资本 38 亿元

资料来源：I 银行 2014—2018 年年度报告。

表 3-5　　　　　　　　　I 银行综合金融组织架构

市场类别	银行	保险	其他
境内市场	I 银行	I 银行寿险公司	I 银行基金公司
			I 银行金融租赁公司
			I 银行消费金融公司
			I 银行金融租赁公司
境外市场	P 银行	I 银行国际金融控股公司	
	境外 6 家分行		

资料来源：I 银行年度报告（2014—2018 年）。

(3) 综合金融业务开展情况

近年以来，I 银行将战略转型目标定位为发展"轻型银行"，通过不断地优化业务结构，实施数字化建设，推进综合化经营和国际化经营发展，实现质量改进、效益提升、规模扩大。主要经营指标情况如下（I 银行，2019）：

一是核心盈利能力持续增强。2018 年，全年实现营业收入 2485.55 亿元，同比增长 12.52%；实现利润 808.19 亿元，同比增长 14.41%；非利息收入占比提高至 35.47%，较 2017 年提高了 1.04 个百分点。

二是净资产收益率等维持高位。2018 年，净资产收益率 16.57%，较上年提高 0.03 个百分点，较 2016 年提高 0.3 个

第3章 中国金融控股公司发展

百分点，2016年至2018年净资产收益率"逆市"，逐步回升；总资产报酬率1.24%，较上年提高0.09个百分点；拨备覆盖率提高至358.18%，较上年提高96.07个百分点，净资产收益率、总资产报酬率、拨备覆盖率等5项指标均在16家上市的全国性银行中排名第一。

三是资产质量保持优良。2018年，不良贷款余额和不良贷款占比均较年初实现了下降，其中，不良贷款占比为1.36%，较上年末下降0.25个百分点，在13家上市的全国性银行中最低，资产质量稳定向好。2019年6月末，I银行的总市值为8995亿元，位居全球银行业总市值排名的前10位，市净率、市盈率等指标多年在国内上市的银行中排名第一位。I银行2014—2018年主要经营指标情况详见表3-6。

表3-6　　I银行2014—2018年年主要经营指标情况　　　　单位：亿元

指标	2014年	2015年	2016年	2017年	2018年
资产总计	47318.29	54749.78	59423.11	62976.38	67457.29
营业收入	1658.63	2014.71	2090.25	2208.97	2485.55
净利润	560.49	580.18	623.80	706.38	808.19
净资产收益率ROE	19.28%	17.09%	16.27%	16.54%	16.57%
总资产报酬率ROA	1.28%	1.14%	1.09%	1.15%	1.24%
不良贷款比例	1.11%	1.68%	1.87%	1.61%	1.36%
贷款损失准备充足率	540.68%	425.57%	332.39%	430.75%	597.64%
资本充足率	12.38%	12.57%	13.33%	15.48%	15.68%
成本收入比	30.54%	27.67%	28.01%	30.23%	31.02%
非利息收入占比	32.47%	32.13%	35.61%	34.43%	35.47%

资料来源：I银行年度报告（2014—2018年）。

I银行从集团和子公司两个层面推进了综合化经营，并取得一定的成效。

①集团层面。持续推进价值管理。I银行构建了以价值管理为核心的资本精细化管理体系，在前期考核资本回报率、净利润等指标基础上，将风险成本、资本成本等纳入考虑；推进将风险成本纳入考虑后的资本收益率、经济增加值等价值评价指标在分行和支行的经营目标考核、客户经理业

绩评定、业务审批等各个环节的应用。紧密跟踪国际巴塞尔协议改革的最新成果，推动内部资本充足率评估程序（ICAAP）应用，对资本的供给端和需求端进行动态管理，提升资本配置效率。

加快推进综合化金融服务模式。在提供传统银行"融资"服务即信贷资金支持的基础上，开展"融智"服务，即开展资本运作、财务重组、高端理财等金融顾问服务；通过"融资"和"融智"相结合的方式，为客户设计和提供综合化的服务方案。在为企业客户服务方面，综合运用表内金融产品和表外金融产品、商业银行和投资银行、资金融资和顾问咨询等多种经营模式，由以前提供传统的信贷融资服务转变为综合金融服务，由提供贷款的传统商业银行转变为投资银行、交易银行和财富管理银行。

2018年，I银行实现非利息净收入881.71亿元，同比增长15.95%，其中手续费收入730.46亿元，同比增长4.49%。

从手续费类别看，托管、代理类等综合金融业务手续费收入合计占比为49.39%，综合金融业务手续费收入占手续费收入比例近一半，具体详见图3-6。

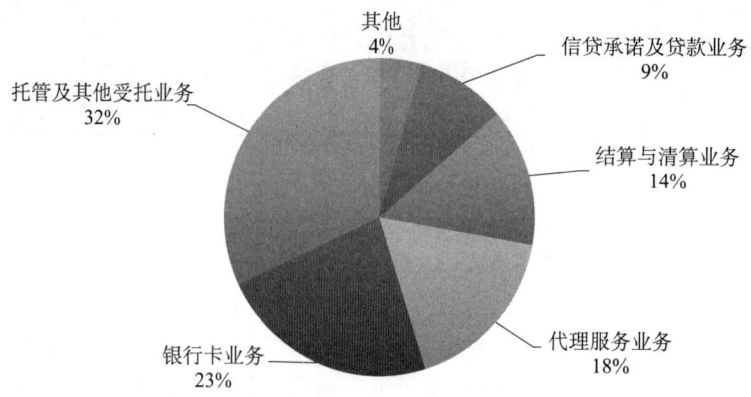

图3-6 I银行手续费及佣金收入类别占比情况

资料来源：I银行2018年年度报告。

第3章 中国金融控股公司发展

从代理销售量看，I 银行销售个人理财产品达到 10.71 万亿元，比上年同期增长 16.73 个百分点；销售代理的开放式基金总额达到 7678.58 亿元，比上年同期增长 8.8 个百分点，销售代理的信托类产品总额达到 3223.06 亿元，比上年同期增长 43.35%；通过代理保险销售，实现保费收入 704.53 亿元。

②子公司层面。证券业务方面，2018 年，I 银行国际公司总资产为 235.71 亿港元，净资产为 78.05 亿港元；实现净利润 7.56 亿港元。2018 年，I 银行国际公司在香港 IPO 市场的承销份额约为 5.9%，排名第一。

基金业务方面，2018 年，I 银行基金公司总资产为 66.12 亿元，净资产 48.72 亿元，资产管理总规模 9444.14 亿元；2018 年实现净利润 8.94 亿元。

保险业务方面，2018 年，I 银行寿险公司总资产为 453.32 亿元，净资产 57.83 亿元；2018 年，实现保险业务收入 150.62 亿元，实现净利润 10.45 亿元。

I 银行主要子公司 2018 年净利润占比情况如图 3-7 所示。

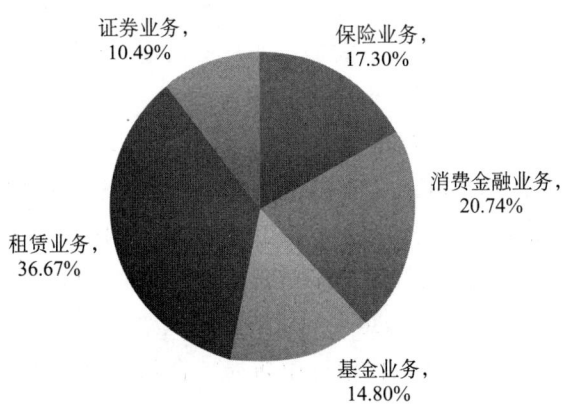

图 3-7 I 银行主要子公司净利润占比情况

资料来源：I 银行 2018 年年度报告。

3.4.2 E 银行

(1) 简要介绍

E 银行始建于 1908 年,并于 1987 年重新组建。E 银行是中国第一家经营范围为全国的国有控股的股份制商业银行。E 银行分别于 2005 年和 2007 年在香港、上海证券交易所挂牌上市。E 银行将实施国际化和综合化的发展道路,打造最优质的财富管理银行"作为集团的战略发展方向,制定了"186"战略规划落实方案。其中,"1"是指银行集团围绕一个战略目标,即建设最优质的财富管理的银行,为客户提供一流的金融服务。"8"是指八个战略规划的落地实施策略:一是把客户放在第一位;二是实施国际化和综合化发展道路;三是采取以事业部制改革和强化分行管理相互结合的"双轮"驱动的管理策略;四是开展互联网线上业务和支行网点线下业务相互结合,"两条线"共同发展和协作发展;五是加大金融科技的发展,提升运行效率;六是提升对人才的管理能力,提高员工工作的积极性;七是加强风险防控,保障业务发展需要;八是加强企业文化建设,重点围绕建设幸福家园,汇聚员工精神力量。"6"是指业务发展上实施"三个增长,三个下降"的经营策略,即促进有效客户稳定的增长、带动核心负债稳定的增长、促进银行转型方向类的营业收入增加、降低风险占用的成本支出、降低消耗资本的成本支出、降低日常营运的成本支出①。

(2) 综合金融发展历程和组织架构

E 银行在国内银行中布局综合化经营较早。2000 年,E

---

① E 银行股份有限公司. E 银行股份有限公司 2018 年年度报告 [R]. 北京:E 银行股份有限公司,2019.

第3章 中国金融控股公司发展

银行成立E银行保险,迈出综合化经营的第一步;E银行集团业务经营范围包括存贷款业务、支付结算、基金募集和销售、资产管理、融资租赁、人寿保险、住房贷款、证券投资等。控股的专业性金融机构包括E银行金融租赁公司、E银行保险公司、E银行金融资产投资公司,控股子公司E银行基金管理公司等。此外,E银行投资了S农村商业银行,其股权占比最高,位列第一;投资了R银行,股权出资额在股东排名中并排平列第一,作为战略投资者投资了T银行,并成为4家村镇银行的控股股东。E银行综合化金融发展历程和组织架构详见表3-7和表3-8。

表3-7　　　　　　　　E银行综合化金融发展历程

2000年	2005年	2007年	2010年	2017年
E银行保险公司2000年11月成立,注册资本4亿港元	E银行基金公司成立于2005年8月,注册资本人民币2亿元	1. 2007年10月,E银行国信信托公司成立,注册资本57.65亿元; 2. E银行租赁公司于2007年12月正式开业,注册资本85亿元; 3. E银行国际控股公司2007年5月成立,并于2017年5月在香港联交所上市	2010年1月,E银行人寿公司开业,注册资本金达到51亿元	E银行投资公司成立于2017年12月,注册资本100亿元

资料来源:E银行年度报告(2014—2018年)。

表3-8　　　　　　　　E银行综合金融组织架构

市场类别	银行	保险	投资
境内市场	E银行	E银行保险公司	E银行金融资产投资公司
	R银行	E银行人寿公司	E银行基金公司
	S农村商业银行		E银行国际信托公司
	4家村镇银行		E银行金融租赁公司

续表

市场类别	银行	保险	投资
境外市场	E 银行（香港）公司		E 银行国际控股公司
	E 银行（英国）公司		
	E 银行（卢森堡）公司		
	E 银行（巴西）公司		
	境外 23 家分行子公司		

资料来源：E 银行年度报告（2014—2018 年）；境内市场指中国大陆的市场；境外市场指中国大陆以外的市场，包括中国香港、中国澳门、英国等。

（3）综合金融业务开展情况

早在 2008 年，E 银行就将综合化经营作为重要转型方向，并通过实施综合化经营和开拓全球市场的经营策略，努力实现把 E 银行造就成为以财富管理作为经营特色的优秀的商业银行集团。E 银行集团虽然较早地开展综合化经营，设立了商业银行、证券、基金等子公司，但经营业绩特别是盈利能力较弱。

一是总资产报酬率较低。截至 2018 年末，E 银行集团资产总额达 95 311.71 亿元，比 I 银行多 2.79 万亿元；实现净利润 741.65 亿元，比 I 银行少 66.54 亿元；总资产报酬率 0.80%，低于 I 银行 0.44 个百分点，在 13 家上市的全国性银行中排名第 12。

二是净资产收益率持续低位。2018 年，E 银行集团净资产收益率 11.17%，低于 I 银行 5.4 个百分点，连续 6 年在 13 家上市的全国性银行中最低。

三是非利息收入占比排名不靠前。E 银行集团虽然持有较多的非银行类金融机构，但 2018 年非利息收入占比为 38.44%，在 13 家上市的全国性银行中排名第 5。

四是成本收入占比较高。2018 年，E 银行集团成本收入比 31.50%，仅仅低于在 13 家上市的全国性银行中成本收入

第3章 中国金融控股公司发展

比最高的 M 银行 1.08 个百分点,排名位居第 2 高。E 银行 2014—2018 年主要经营指标情况详见表 3-9。

表 3-9　　E 银行 2014 年至 2018 年主要经营指标情况

指标	2014 年	2015 年	2016 年	2017 年	2018 年
资产总计	62682.99	71553.62	84031.66	90382.54	95311.71
营业收入	1774.01	1938.28	1931.29	1960.11	2126.54
净利润	660.35	668.31	676.51	706.91	741.65
净资产收益率 ROE	14.87%	13.46%	12.22%	11.40%	11.17%
总资产报酬率 ROA	1.08%	1.00%	0.87%	0.81%	0.80%
不良贷款比例	1.25%	1.51%	1.52%	1.50%	1.49%
贷款损失准备充足率	328.31%	290.56%	245.43%	231.48%	272.92%
资本充足率	14.04%	13.49%	14.21%	14.00%	14.37%
成本收入比	30.29%	30.36%	31.60%	31.85%	31.50%
非利息收入占比	24.03%	25.62%	30.17%	35.02%	38.44%

注:资产总计、营业收入、净利润的单位为亿元。
资料来源:E 银行年度报告(2014—2018 年)。

①集团层面。E 银行致力于发展成为以商业银行为主体,信托公司、保险公司、投资公司、基金公司等为支撑的综合性金融服务集团;在境内控股农村商业银行,在境外设立多家分行,为客户提供跨地域的金融服务。E 银行集团坚持深化改革,完善顶层设计,持续强化的综合金融服务,提升综合化经营效率,为客户提供境内和境外、直接融资和间接融资、货币市场和资本市场的金融服务。

E 银行虽然秉承综合金融服务战略,但从手续费收入构成看,E 银行集团的银行卡类结算手续费收入占手续费收入比例仍然是最高的,且是其主要的增加点,综合金融服务类手续费占比较低,和传统商业银行的情况一致。2018 年,E 银行集团实现手续费收入 412.37 亿元,同比增加 6.86 亿元,增幅 1.69%。其中,银行卡类手续费收入为 201.14 亿元,同比增加 38.47 亿元,增幅 23.65%,增加额是手续费收入总额增加额的 5.6 倍。但是代理类（代理保险、信托等）手续费收入、投资银行手续费收入、担保承诺手续费收入等综合金融服务类手续费占比为 23.43%，较 I 银行占比约低 25.96 个百分点，占比较低。E 银行手续费收入来源占比情况详见图 3-8。

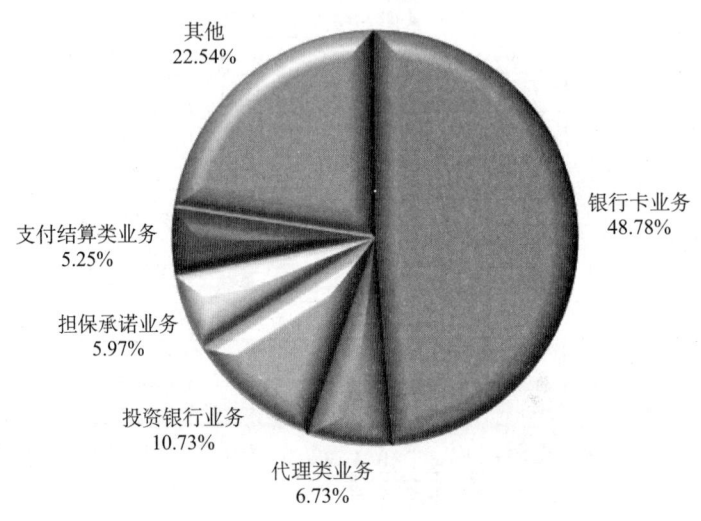

图 3-8 E 银行手续费收入来源占比情况

资料来源：E 银行 2018 年年度报告。

②子公司层面。租赁业务方面，E 银行金融租赁公司 2018 年实现净利润 27.37 亿元，总资产达到 2317.43 亿元，净资产为 217.56 亿元，租赁资产余额达到 2204.07 亿元。其中，大力推动飞机租赁、船舶租赁等业务发展，相关业务资产规模达到 1282.67 亿元，占全部租赁资产的比例达到 58.20%。

信托业务方面，E 银行国际信托公司 2018 年实现净利润人民币 10.57 亿元，管理资产规模达到 8830.47 亿元，其中，固有总资产为 125.26 亿元，信托资产为 8705.22 亿元。

基金业务方面，E 银行基金管理公司 2018 年实现净利

第3章 中国金融控股公司发展

润人民币4.78亿元,总资产为37.50亿元,净资产为30.41亿元。2018年末,管理资产规模达到4388.76亿元。

E银行的主要子公司2018年净利润占比情况如图3-9所示。

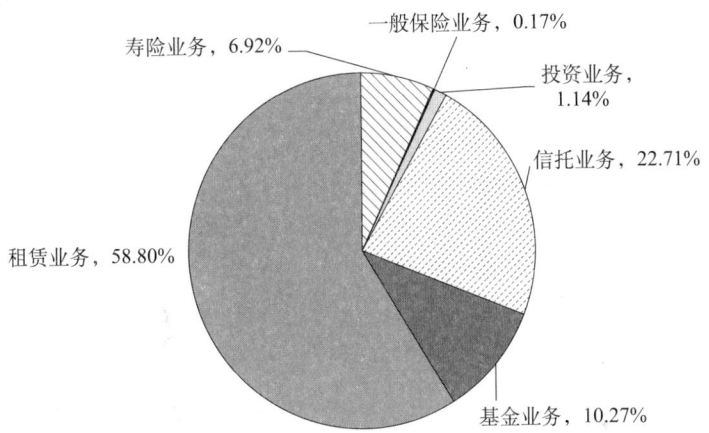

图3-9 E银行主要子公司净利润占比情况

资料来源:E银行2018年年度报告。

3.4.3 M银行

(1)简要介绍

M银行于1992年10月成立,2003年在上海证券交易所上市,是中国上市时间位居第五的商业银行。2019年,M银行在全球银行一级资本和资产规模排名中分别位居第56和第67。M银行也进入了全球上市公司前2000名排名,在其中位居第265名①。

---

① M银行股份有限公司.M银行股份有限公司2018年年度报告[R].北京:M银行股份有限公司,2019.

M银行在2018年上市公司披露的年度报告中提出，M银行将秉持"五大发展理念"、坚持"四大战略方向"、"六大发展方向"、"两大价值"，建设"大、强、稳、优"的金融控股集团。其中，秉持"五大发展理念"，包括秉持创新、绿色、协调、开放、共享等理念；坚持"四大战略方向"，包括坚持凭借存款作为银行立足的基础、坚持凭借科技让银行兴旺、坚持凭借人才让银行强大、坚持凭借风险管控保证银行安全；坚持"六大发展方向"，包括坚持特色化的发展方向、数字化的发展方向、轻型化的发展方向、专业化的发展方向、综合化的发展方向、综合化的发展方向、国际化的发展方向；提升"两大价值"，包括为客户创造价值和为股东创造价值。2018年末，M银行总资产规模为26805.80亿元，较年初增长6.84%；实现营业收入722.27亿元，增长8.80%（M银行，2019）。M银行2014—2018年主要经营指标情况详见表3-10。

表3-10　　　　M银行2014—2018年主要经营指标情况　　　　单位：亿元

指标	2014年	2015年	2016年	2017年	2018年
资产总计	18516.28	20206.04	23562.35	25089.27	26805.80
营业收入	548.85	588.44	640.25	663.84	722.27
净利润	180.23	189.52	197.56	199.33	209.86
净资产收益率ROE	19.31%	17.18%	15.75%	13.54%	12.67%
总资产报酬率ROA	1.02%	0.98%	0.90%	0.82%	0.81%
不良贷款比例	1.09%	1.52%	1.67%	1.76%	1.85%
贷款损失准备充足率	389.27%	293.06%	295.16%	277.74%	263.88%
资本充足率	11.03%	10.85%	11.36%	12.37%	13.19%
成本收入比	37.57%	35.01%	34.50%	32.96%	32.58%
非利息收入占比	15.75%	21.69%	23.48%	28.72%	28.64%

资料来源：M银行年度报告（2014—2018年）。

第3章 中国金融控股公司发展

此外,近年 M 银行经营业绩展现以下特点,亟待转型发展:

一是不良贷款率持续增加。2018 年末,M 银行不良贷款率 1.85%,在 13 家上市的全国性银行中排名第二;不良贷款率连续 7 年增加,2018 年末较 2012 年末提高 0.97 个百分点。

二是拨备覆盖率持续减少。2018 年来,拨备覆盖率 158.59%,近 8 年来呈现递减趋势;2018 年末拨备覆盖率较 2011 年末下降 149.62 个百分点。

三是净息差持续递减。2018 年,净息差 1.95%,近 8 年来呈递减趋势;2018 年净息差较 2011 年下降 0.86 个百分点。M 银行 2011—2018 年净息差情况详见图 3-10。

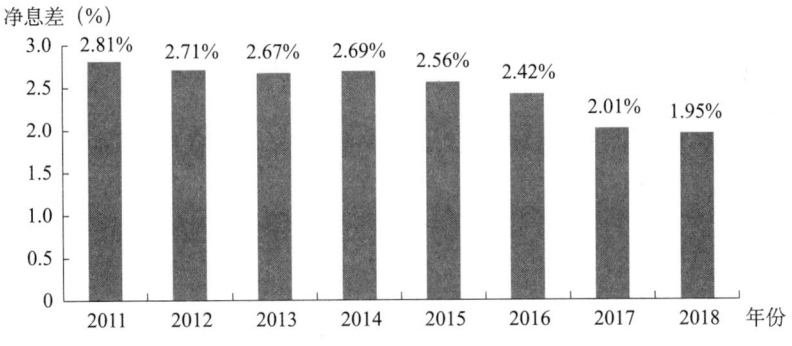

图 3-10 M 银行 2011—2018 年净息差情况

资料来源:M 银行年度报告(2011—2018 年)。

四是成本收入比排名前列。2018 年,成本收入比 32.58%,在 13 家上市的全国性商业银行中最高。

五是净资产收益率差距扩大。2014 年,净资产收益率 19.31%,高于 I 银行 0.03 个百分点。2014 年至 2018 年,M 银行净资产收益率呈下降趋势。2018 年,净资产收益率 12.67%,较 I 银行低 3.9 个百分点;较 2014 年下降 6.64 个百分点，比 I 银行降幅快 3.93 个百分点。

（2）综合金融组织架构

目前，M 银行下属公司只有 M 金融租赁公司，该公司 2013 年 5 月开业，注册资本 60 亿元，M 银行所占股份为 82%。2018 年末，M 金融租赁公司资产总额 756.02 亿元，负债总额 673.04 亿元，净资产 82.98 亿元，实现净利润 7.05 亿元。

（3）综合金融业务开展情况

M 银行将通过坚持"六大发展方向"，加强该银行的体制和机制改革，持续地优化资产质量，促进提升经营效益和效率，促进银行的业务转型发展。

推进 M 银行与下属金融租赁公司之间开展银行和租赁业务联合开展，积极推动香港分行设立，强化金融科技发展，全方位深入实施金融科技战略。坚持市场化导向，围绕客户的需求变化，为客户提供一系列的多元化金融服务解决方案；加强与信托、证券、保险等其他类金融机构的合作力度，丰富和完善财富管理手段和方法。

3.5 提出研究问题

根据宏观经济背景、中国金融综合化经营发展历程及趋势、中国银行类金融控股公司典型企业等，结合文献综述，提出以下研究问题，主要研究问题详见下图 3-11。

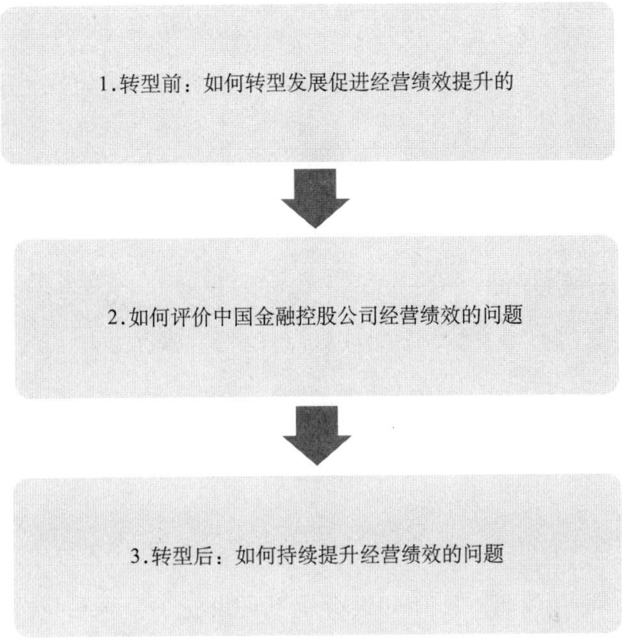

第 3 章 中国金融控股公司发展

1.转型前：如何转型发展促进经营绩效提升的

2.如何评价中国金融控股公司经营绩效的问题

3.转型后：如何持续提升经营绩效的问题

图 3-11 主要研究问题

3.5.1 转型前：如何转型发展促进经营绩效提升

在中国经济增长放缓和面临结构性调整、贷款和存款的利率市场化改革进一步深化、"金融脱媒"和综合化经营步伐加快、新一代信息技术与金融行业深度融合等一系列挑战持续加大背景下，银行息差的空间逐渐收窄，同质化经营日趋严重，盈利能力下降，传统商业银行面临的冲击不断加大。参照中国金融综合化经营发展历程和标杆金融企业转型经验，传统商业银行如何通过转型和变革，促进经营绩效的提升成为迫切需要探寻和研究的问题（见图 3-12）。

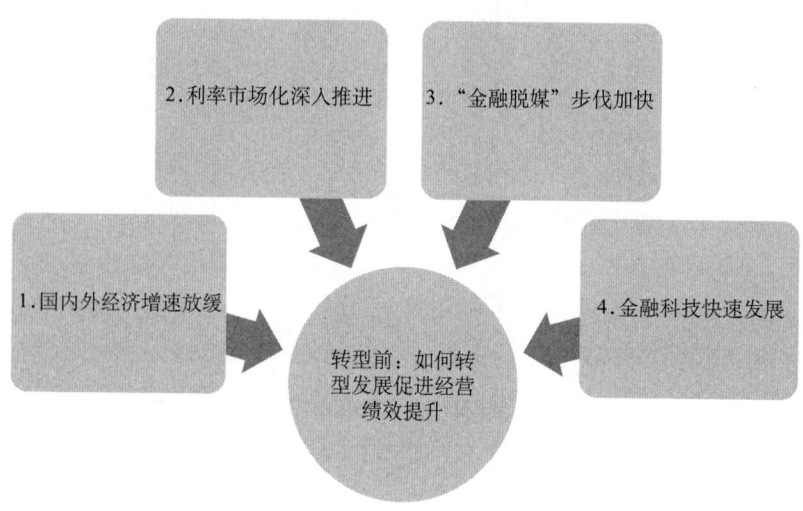

图 3-12 研究问题一

例如，目前 M 银行旗下只设立了金融租赁公司（M 银行股份有限公司，2019），不良贷款率、非利息收入占比等核心经营指标排名长期靠后，转型发展比较迫切。一是不良贷款率长期居于高位。2018 年末，该行不良贷款率 1.85%，在 13 家上市的全国性商业银行中第二高，且 2008—2018 年在 13 家上市的全国性商业银行中位居前列。二是非利息收入占比较低。2018 年末，该行非利息收入占比 28.64%，在同类型的 8 家上市的全国股份制银行中最低，且低于平均非利息收入占比约 7 个百分点，且 2008—2018 年在 8 家上市的全国性股份制商业银行中位居最后。三是成本收入比最高。2018 年，M 银行成本收入比 32.58%，2008—2018 年在 13 家上市的全国性商业银行中位居最高。

3.5.2 如何评价金融控股公司经营绩效的问题

经营绩效评价是金融机构股东、监管当局和内部经营管

第3章 中国金融控股公司发展

理者了解金融机构目前经营发展状况,判断金融机构未来发展趋势,并据此作出决策和采取相应措施的重要管理工具。国外一些学者(Bergor,1999;Levine,2000;J. Qi,2003;Kanter,2003)采用文献综述、实证研究等方法,并选取欧洲和美国等地区和国家的金融控股公司作为样本进行了分析,研究结果表明相关国家的金融控股公司存在规模经济效应、范围经济效应,增强协同效应,降低经营风险,对经营绩效有比较明显的改善。

结合中国银行类金融控股公司实际情况,如何建立中国银行类金融控股公司经营绩效评价指标体系和评价模型,多元化经营是否对中国银行类金融控股公司经营绩效改善、风险抵补能力、盈利能力、成本管控能力提高等具有正向作用成为重要的研究问题(见图3-13)。

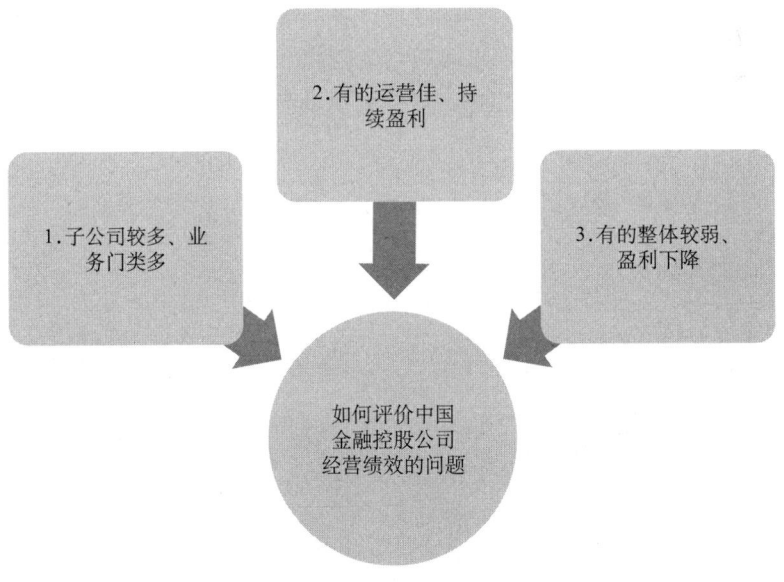

图3-13 研究问题二

3.5.3 转型后:如何持续提升经营绩效的问题

目前,一些金融机构转型为金融控股公司后,整体盈利能力较弱,固有的优势尚未发挥。对于大部分金融控股公司而言,虽然搭建了金融控股公司的组织架构,但只是对金融机构进行了股权投资。金融子公司层面仍处于"单打独斗"的自行开展业务阶段,未形成子公司间协同发展机制,尚未实施综合化经营和服务模式。金融控股公司整体层面,存在着未有效发挥规模经济和范围经济效应、未明显地提升经营效率、未突出地发挥财务协同的价值、未发挥本应有的创新协同效应和风险分散效应、未形成品牌效应等问题。金融控股公司和金融子公司层面,尚未实质地实现金融控股公司本身应该具有的基本优势,例如金融子公司间的资源共享、客户共享,集团整体的业务互补、分散风险等优势。金融控股公司整体的经营绩效较弱,需深入总结分析哪些方面对中国金融控股公司促进经营绩效提升有显著影响(见图 3-14)。

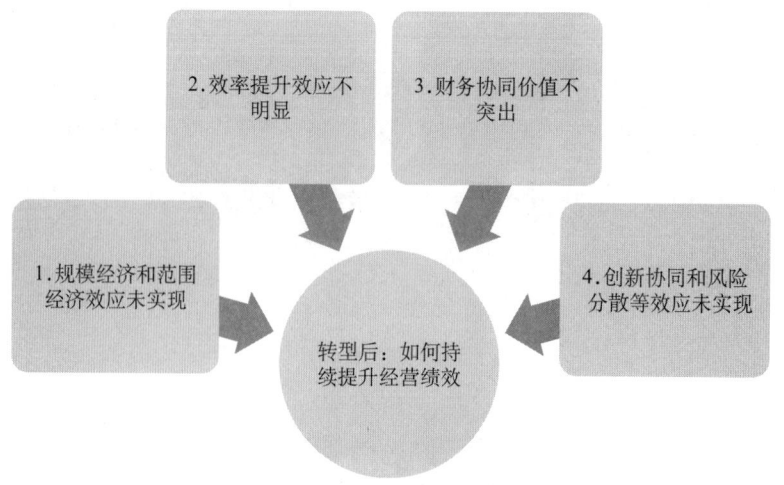

图 3-14 研究问题三

第3章 中国金融控股公司发展

例如，E银行在国内商业银行中比较早地通过成立、并购等方式，获得较齐全的金融牌照，旗下包括商业银行、信托、基金、金融租赁、保险等专业性金融机构等（E银行股份有限公司，2019），但综合经营能力和优势较弱。一是净资产收益率持续下降且位居后列。2018年，E银行净资产收益率11.17%，2010—2018年净资产收益率一直呈现不断下降趋势；2018年净资产收益率较2010年的20.08%下降了8.91个百分点，2013—2018年在13家上市的全国性商业银行中位居最后。二是中间业务收入仍以银行卡手续费为主，综合化经营优势较弱。2018年，E银行集团实现中间业务服务收入人民币412.37亿元，其中，银行卡手续费占比为主（49%），代理类（代理保险、信托等）手续费收入占比（7%）、投资银行手续费收入占比（11%）、担保承诺手续费收入占比（6%）等占比较低。三是成本收入比较高。2018年，E银行集团成本收入比32.58%，在13家上市的全国性商业银行中位居第二，仅低于M银行。

一些金融机构转型为金融控股公司后，通过深入推进价值管理，盈利能力和价值创造能力持续增强。银行类金融控股公司在原来开展传统银行业务基础上，开展综合化金融服务，重点开拓非传统银行类金融机构业务；结合宏观经济发展、金融业改革，优化业务发展策略，拓展创造利润来源的宽度，实现从过去仅仅依靠贷款和存款业务的利率差额作为收入来源向多种业务增加营业收入转变。通过为客户提供综合化经营服务方案，金融控股公司提升了金融服务的质量和效率，带动了运营成本的下降，实现了金融控股公司本身具有的规模经济效应和范围经济效应，对日常经营和管理中的风险起到了分散和降低的效果，增强了盈利能力。本书将深入总结和分析典型案例，提出提升中国金融控股公司经营绩效的经营与管控建议。

例如，I 银行通过深入地推进价值管理（I 银行，2019），实现了盈利能力持续增强。一是 I 银行投资和控股了多元化的金融机构。I 银行通过成立或并购等方式，拥有了境内和境外商业银行、基金公司、金融租赁公司等金融子公司，并加快整合多元化金融子公司为客户提供综合化金融服务。通过实施综合化金融服务模式，从为客户提供融资服务，向提供"融资服务+融智服务"相结合转变，优化经营服务模式，为客户提供综合化的金融服务方案。二是促进了 I 银行的核心盈利指标不断提升，保持强有力的竞争地位。I 银行的 ROAA、ROAE 等资本、资产创造效益能力指标多年保持较高水平且不断提升，不良贷款余额和不良贷款率等风险管理指标呈现下降趋势，资产质量维持在较优质的水平。2018 年，I 银行净资产收益率达到 16.57%，在 13 家上市的全国性商业银行中排名由 2009 年的第四名，逐步提升至第一名。三是 I 银行上市公司总市值等位居前列。2019 年 6 月末，I 银行上市公司总市值为 8995 亿元，在全球银行业总市值排名中位居前 10 名；I 银行的市净率、市盈率等指标在中国境内上市银行排名中位居第一位。

3.6 本章小结

在第 2 章文献综述的基础上，本章首先介绍了中国金融控股公司产生的宏观经济背景，因为国内宏观经济发生变化，传统银行盈利增速下降，部分金融机构转型为了金融控股公司。其次，阐述了中国金融综合化经营发展的历程及趋

第3章 中国金融控股公司发展

势,中国金融机构开展综合化经营的步伐加快。再次,描述了中国金融控股公司的分类,中国人民银行将中国的金融控股公司划分为五种类型,五种类型中的金融机构类金融控股公司可按照控股主体不同,进一步细分为银行类金融控股公司、保险类金融控股公司、资产管理公司类金融控股公司等,其中,银行类金融控股公司是以银行作为核心控股平台。最后,分析了中国金融控股公司的三个典型案例,包括I银行、E银行、M银行,并由此提出了促进中国金融控股公司经营绩效提升方面存在的三个问题。第4章将讨论研究方法与研究设计。

第 4 章
研究方法

本章介绍了经营绩效评价的常用方法，阐述了对中国金融控股公司采用的经营绩效评价方法和构建的模型，介绍了样本数据和评价指标的选取，并叙述了金融控股公司与传统商业银行经营绩效评价指标的区别。

4.1 经营绩效评价的方法

金融企业的经营绩效评价是综合评价的一部分，是结合金融行业的经营特点开展的绩效评价。通常采用因子分析

第4章 研究方法

法、杜邦分析法、沃尔评分法、"骆驼"评级方法（CAMELSS）、"陀螺"（GYROSCOPE）评价体系等，对绩效进行评价。目前，国内学者主要通过因子分析法等对国内商业银行进行绩效评价研究，对金融控股公司等其他金融机构基本没有开展评价。

4.1.1 经营绩效评价的概念

经营绩效评价是财务分析工作的重要组成部分。它是以一家或多家公司的财务报表和其他相关财务分析材料为基础，重点通过对公司的财务分析指标的综合评估，进而对相关公司的财务情况和经营状况进行总结、考核和评价。

（1）综合绩效评价

综合绩效评价[①]通常是从企业所有者或者投资者的角度，开展的一种经营绩效评价。主要通过三个方面开展综合绩效评价：一是建立相关企业的综合评价指标体系，并设立相关指标的评价标准；二是重点是评价企业在一定经营期间内的经营业绩和管理程度，包括盈利状况、资产质量、债务风险等；三是在评价过程中，主要通过应用数理统计、运筹学等方法，开展定量评价和定性分析。开展综合绩效评价的方法有多种，例如沃尔评分方法、杜邦分析方法、因子分析方法等。

（2）金融企业绩效评价

金融企业绩效评价[②]是指金融企业管理部门先选择评价金融企业的财务指标范围，再根据不同金融行业经营规律确定有区别的打分标准，并按照一个会计年度的时间跨度对金

---

① 财政部主编. 财务管理 [M]. 北京：经济科学出版社，2021.
② 财政部. 金融企业绩效评价办法 [R]. 北京：财政部，2016.

融企业的经营业绩开展评价的过程。评价指标的范围主要涵盖企业偿还债务的情况、赚取利润的能力、所管控资产的优劣程度、业绩在原有基础上提高的水平等。鉴于国内金融业仍然以商业银行为主的背景，目前，国内学者对金融企业绩效评价的研究主要侧重商业银行。在评价方法选择上，以应用因子分析法、沃尔评分法、杜邦分析法等居多。国际上，主要采用"骆驼"评级方法（CAMELS）对商业银行及其他金融机构的信用进行评价。国内，近年采用"陀螺"（GYROSCOPE）评价方法对商业银行实施稳健经营的状况进行评定，对金融控股公司等其他金融机构基本没有开展经营绩效评价。

4.1.2 绩效评价方法简介

对金融企业经营绩效评价的方法可以分为两类：一是传统绩效评价方法。传统经营绩效评价方法中比较常用的方法主要包括杜邦分析方法、沃尔评分方法、因子分析方法等。二是行业监管评级或评价方法。近年，金融监管部门或金融行业协会针对金融企业评价的方法逐渐增多，例如美国的"骆驼信用评级指标体系（CAMELS）"、中国的"陀螺（GYROSCOPE）评价体系"等。下面，将结合金融企业情况，对以上方法进行重点介绍。

（1）杜邦分析法

杜邦分析法（财政部，2021）是一种可以用于评估金融机构通过运营管理赚取利润的能力和为股东的投资获取回报情况的方法。该种方法主要依据核心财务类指标比率之间的关系，对金融机构的财务情况进行比较综合性地分析和经营结果的评价。杜邦分析法比较多地应用于对上市公司财务报表的分析，还在对同一家商业银行多年财务报表的对比分析中有应用。

第4章 研究方法

杜邦分析法能够对金融机构核心财务类指标发生变化的原因和发展动向给予分析说明，为采取经营管理和控制的措施指明了方向①。杜邦分析法在商业银行财务报表分析中，通过对净资产收益率、资产收益率、权益乘数等指标的近年经营数据的变化趋势进行分析，特别是纵向的分析财务报表，查找出其中存在影响金融企业净资产收益率的问题，并提出解决问题的办法。

（2）沃尔评分法

沃尔评分法（财政部，2021）最早是由研究企业财务综合分析的先驱者之一亚历山大·沃尔提出。该评价方法通过选取一些金融企业的财务比例指标，并利用线性关系把相关指标关联在一起，然后对金融企业的信用水平进行评价。伴随着沃尔评分法在金融企业实际工作中的应用，相关人员对沃尔评分法进行了改进和不断地完善，并将评价金融企业财务情况的内容分为三部分，即盈利能力状况、偿债能力状况、成长能力状况，并分别按照50%、30%、20%的占比分配评价的权重。沃尔评分法主要应用于商业银行等金融机构绩效分析。

沃尔评分法在商业银行的绩效分析应用中②，选择盈利能力、偿债能力、成长能力等三类指标。其中，评价创造利润水平的指标涵盖净资产收益率等3个财务类指标，评价偿还债务能力的指标包括资本充足率等5个监管类指标，体现金融企业成长性的指标包括净利润增长率等3个同比增长情况指标，具体指标如表4-1所示。

---

① 王超毅. 杜邦分析法在商业银行中的应用研究——以工商银行为例 [J]. 财会前沿，2016（08）：130-131.

② 王秀珍. 我国上市商业银行财务绩效分析——沃尔评分法的应用 [J]. 江西科技师范大学学报，2016（05）：48-56.

表 4 – 1　沃尔评分法在商业银行绩效分析中指标体系

序号	分类	经营指标
1	盈利能力	净资产收益率
2		总资产收益率
3		成本收入比
4	偿债能力	资本充足率
5		核心资本充足率
6		存贷比
7		拨备覆盖率
8		不良贷款率
9	成长能力	总资产增长率
10		净利润增长率
11		手续费和佣金净收入增长率

资料来源：王秀珍. 我国上市商业银行财务绩效分析——沃尔评分法的应用 [J]. 江西科技师范大学学报，2016（05）：48：56.

在沃尔评分法中，标准值使用行业平均水平或者某些竞争对手企业的水平等。评价指标体系的权重主要根据其他相关文献研究成果确定，权重占比的合计值为100%。

（3）"骆驼信用" 评级法

骆驼信用评级指标体系（CAMELS）是美国金融监督和管理部门对金融机构实施的一种信用等级评定方法。

目前，金融监督和管理部门涵盖美国的银行、保险、证券等行业，信用等级评定范围包括商业银行和其他金融机构[1]。有学者认为，金融控股公司作为其他金融机构纳入"骆驼信用" 等级评定的范围。

骆驼信用评级指标体系（CAMELST）[2] 评价的内容主要包括金融企业的资本充足性情况、资产质量情况、经营管理

---

[1] 肖远企. 美国金融机构信用等级的"骆驼" 评级体系 [J]. 国际金融研究，1990（10）：33 – 35.

[2] 罗刚飞，潘加顺. 中国银行业信用评价研究——基于16家上市银行2007—2011年数据的分析 [J]. 上海金融，2013.

第4章 研究方法

水平情况、盈利水平情况、流动性情况等五部分内容。1991年，美国联邦储备系统（The Federal Reserve Sytem）对骆驼信用评级指标体系进行了改进和完善，在前期主要评价五个部分内容的基础上增加了市场风险敏感度。因为中国的利率、汇率等市场化程度比较低，基本仍处于监管管制的状态，且国内金融机构在财务报表中对此部分内容不进行披露，所以，国内通常采用"骆驼信用"评级指标体系中的五部分内容进行评价，不包括市场风险敏感度情况（周长贵，2016）。

"骆驼信用"评级体系是以对金融机构的风险管理能力评价为基础，并将经营和管理的复杂程度、风险等级的分类等指标纳入评估范畴，建立了以重点评估金融机构稳健运行情况为核心的评价模型。评分规则上选用单项评分和整体评分，每项评分标准划分为五个等级，其中，一级评分标准的得分是最高的，五级评分标准的得分是最低的。"骆驼"信用评级体系采用的主要评价指标和评价标准如表4-2。

表4-2　　　　骆驼信用评级体系主要指标和考评标准

序号	类别	主要指标	标准
1	资本充足性	资本充足率、准备金充足程度等	非常高于监管要求为一级，明显的高于监管要求为二级，略高于监管要求为三级，达不到监管要求为四级，无力偿还债务为五级
2	资产质量	逾期资产率、不良贷款率、拨备覆盖率等	资产质量高、风险管理强为一级，资产质量和风险管理令人满意为二级，资产质量和风险管理不令人满意为三级，资产质量和风险管理水平低为四级，资产质量和风险管理水平差为五级
3	管理水平	公司经营等管理机制、对风险的管控水平、内部控制管理和落实情况、信息化系统建设和管理水平、日常业务经营符合法律法规情况等	管理状况良好为一级，管理状况令人满意为二级，管理状况有必要进一步改进为三级，风险管理状况存在明细缺陷为四级，管理水平差为五级

续表

序号	类别	主要指标	标准
4	盈利水平	资产收益率、净资产收益率、成本收入比等	盈利水平很强为一级， 盈利水平强为二级， 盈利水平可接受为三级， 盈利水平不满意为四级， 盈利水平为负数为五级
5	流动性	流动性比率、存贷比等	流动性强为第一级， 流动性足够为二级， 流动性一般为第三级， 流动性不足够为第四级， 流动性严重不足为第五级

资料来源：罗刚飞、潘加顺（2013）。

（4）"陀螺"评价法

"陀螺"评价体系[①]是中国银行业协会从2013年开始，为多维度地评价中国的主要商业银行经营和管理的稳健性情况而提出的。该评价体系的目标评价对象为中国境内的商业银行。

"陀螺"评价体系的内容由九部分组成：公司治理、收益可持续性、风险控制、运营管理、服务质量、竞争力、组织智能、人员能力和股权融资。本评价体系从以上九个方面对商业银行的稳健发展能力进行评价和分析。

"陀螺"评价体系按照五个主要的原则选择经营指标：一是采用多维度和比较完整的经营指标体系开展评价；二是评价指标起到引领性作用；三是基于评价指标数据能够获得性的前提下；四是保持评价的独立性；五是评价过程保持透明。评价指标的数据来源主要包括两部分：一部分量化指标数据主要来源于各家商业银行每年公开披露的年度财务报告；另一部分定量指标数据和定性指标来源于"商业银行稳

---

① 中国银行业协会. 关于开展商业银行稳健发展能力"陀螺"（GYROSCOPE）评价体系评价工作的通知 [R]. 北京：中国银行业协会，2016.

健发展能力调查问卷",此部分内容未在商业银行年度报告中进行公开披露;该部分内容由中国银行业协会组织各家参与评价的商业银行根据本行实际,自行按要求填报,并上报至中国银行业协会。中国银行业协会评价委员会结合金融行业内外专家评议,根据相关评分标准,对各家商业银行报送的"商业银行稳健发展能力调查问卷"中的定性指标进行打分;结合各商业银行定量指标和定性指标得分情况,综合确定稳健发展能力得分,并给予等级评定。

4.2 方法的选择和模型的构建

4.2.1 因子分析法介绍

因子分析法[①]最早由英国心理学家斯皮尔曼提出。因子分析法是一个对多种变量进行统计和分析的方法,从研究变量的内部关联关系入手,并将具有复杂关系的一些原始变量进行整合,简化为几个具有代表性的综合因素的方法。

因子分析法的基本思想是对原始变量进行分类,从而达到简化和分析多维度数据的目的。在对原始变量进行分类时,将相关度比较高的归为一类。其中,在同一种类型中,每个原始变量之间相关度比较高;不同种类型中,每个原始

---

① 陈玲,李永泉. 中国农业上市公司绩效评价 [J]. 中国农学通报,2011,27 (04):416 – 422.

变量之间相关度比较低。每一种类型的原始变量象征着一个共同的元素，也被称作为公共因子。因子分析法便是试图通过研究分析比较少数量的"公共因子"和"特殊因子"，来说明较多的原始变量的方法。

4.2.2　主要经营绩效评价方法的比较分析

目前，国内对金融控股公司经营绩效评价方法的研究比较少，正处于探索起步阶段，还没有对金融控股公司专门的经营绩效评价方法。评价金融企业经营绩效的方法主要包括杜邦分析方法、沃尔评分方法、因子分析方法、骆驼信用评级指标体系（CAMELSS）、"陀螺"（GYROSCOPE）评价体系等，以上五种常用的评价方法各有优点和缺点，现将其比较分析如下。

（1）杜邦分析法的优点和缺点

优点[①]：一是建立了一整套的评价指标体系。杜邦分析法将净资产收益率拆解为三个关键经营指标的乘积，并在此基础上，可以进一步细化地分解，形成比较完整的财务评价指标组合。二是评价指标间的关系逻辑清晰。评价指标是由净资产收益率逐级分解得出的，层次和条理比较清晰，方便对比分析金融企业的经营管理效果。三是应用范围较普遍。杜邦分析法在企业经营绩效评价中得到较广泛应用，在商业银行等金融机构经营绩效评价中也得到一定程度的应用。

缺点：一是从评价的全面性角度看，杜邦分析法中的评价指标只是涵盖了财务类指标，财务类指标不能够全面地反映金融企业的经营和管理情况，所以，该方法不能够全面、客观地评价金融机构的经营绩效。二是从可持续发展角度

---

① 黄日倩．我国上市商业银行的经营绩效评价研究［D］．西南财经大学，2013．

第4章 研究方法

看,该方法关注的主要是净资产收益率、资产利润率等短期的财务评价指标,这会促使企业特别是金融机构的管理层过多地关注短期经营成果,忽视了企业的风险状况、长远发展和价值实现。三是从评价的时间阶段看,该方法主要是评价金融机构已经产生的经营业绩情况,缺乏根据现有经营情况对未来经营业绩的影响和预测。此外,金融机构是经营风险的,与一般的企业有显著的差别;但是杜邦分析法缺乏对金融机构的风险管理等经营管理能力情况的评价。

(2) 沃尔评分法的优点和缺点

优点(财政部,2021):沃尔评分法打破了只注重财务指标评价的传统绩效评价方法,通过财务指标和非财务指标的相结合,重点从客户拓展、财务运营、内部管理、企业学习和发展等四个角度对企业的经营绩效进行评价,为企业的战略管理提供了较强的支撑。该方法更注重团队的协作,对员工和管理层有较好的激励作用。缺点:一是在实际操作方面,学习与成长、内部运营等指标存在较大的主观性,在对金融机构评价时不容易客观地确定;二是操作成本较高,需要花费较多的时间成本对绩效评价指标数值和重要的程度进行讨论,且客观和合理地确定绩效评价指标的难度比较大;三是后期调整的成本较高,若金融企业的战略目标、经营结构发生变化,沃尔评分法中相关评价指标等需要重新设计,将花费较多人力和物力。

(3)"骆驼信用"评级法和"陀螺"评价法的优缺点

优点[1]:"骆驼信用"评级法和"陀螺"评价法主要用于对商业银行的评价。这类评价方法涉及的指标比较多,评价的方面比较广泛,能够比较全面、客观地反映商业银行的

---

[1] 刘燕. 基于因子分析方法的我国商业银行绩效评价实证研究 [D]. 湖北武汉:华中师范大学,2018.

业绩状况。缺点：一是每个评价指标所占比例是人为主观设置的，评价方法具有一定的主观性，评价结果不具有较强的客观性；二是对相同类别的商业银行的业绩区分程度不高，不便于区分此类商业银行之间的业绩评价等。

4.2.3　选用因子分析法的原因

通过上一节比较分析可以得出，杜邦分析法、沃尔评分法、"骆驼信用"评级指标体系（CAMELS）、"陀螺"（GYROSCOPE）评价体系等评价方法存在在评价指标选取上比较传统，评价权重设计上主观性较多，评价指标繁多且区分度较小等缺点，难以较客观、准确地反映金融控股公司的真实情况。特别是鉴于目前对中国金融控股公司经营绩效的研究处于探索起步阶段，利用因子分析法对中国金融控股公司经营绩效评价有较多的优点[1]。主要经营绩效评价方法的优缺点比较分析见表4-3。

（1）因子分析法的优点

因子分析法有较多优点，可结合统计分析软件进行数据挖掘和数据分析，因子分析法的主要优点如下：

一是可以在诸多原始变量中提取公共因子。通过采用因子分析方法，运用统计分析软件，可以从诸多个影响中国金融控股公司经营绩效的原始变量中提取出数量有限的公共因子，且公共因子具有代表性，从而确定影响中国金融控股公司经营绩效评价的主要因素，进而可以分析出主要因素的影响力大小。

二是可以减少原始变量数目。通过采用因子分析方法，运用统计分析软件，从相关程度比较高的原始变量中可以提

---

[1] 丁滟湫，仇冬芳. 基于因子分析的城市商业银行经营绩效的评价［J］. 价值工程，2010，29（16）：55-56.

炼出共同的因子，进而削减用于统计分析的原始变量个数。另外，不同原始变量之间的关系能够通过公共因子的线性关系进行检验。

三是公共因子和相应权重确定比较客观合理。通过采用因子分析方法，从诸多原始变量中提取了公共因子，并确定公共因子的权重。公共因子和相应的权重不是凭主观意愿确定的，而是通过统计分析软件计算出的，比较客观。特别是，公共因子的权重是通过统计分析软件计算出相应的方差贡献度确定的，且具有唯一性，这就避免了通过主观确定公共因子权重的随意性。通过统计分析软件计算出相应原始变量的方差贡献度越大，原始变量越重要，对应的权重也越大。

四是计算过程可通过软件实现。若采用因子分析方法，可以通过统计分析软件完成整个计算过程。其中，IBM SPSS®统计分析软件是较早开发应用的专业统计分析工具，非常方便和快捷，操作比较简单，具有较强的可操作性。本书准备采用在国内比较常用的IBM SPSS®统计分析软件进行分析。

因此，与其他方法相比，目前，运用因子分析法对中国金融控股公司经营绩效进行评价，是一种比较科学、客观、实用、简便的综合评价方法。

（2）因子分析法的特征

因子分析具有以下特征（刘燕，2018）：

①具有全面性特征。在因子分析实证过程中，如果指标、数据等条件具备，可以选择无限个变量，并对诸多的原始变量进行降低维度的处置，提炼出反映中国金融控股公司经营绩效评价的指标体系中的相关指标。通过因子分析法，能够得出的更加全面地评价结果。

②具有可解释性特征。通过因子分析法提炼出的共同因子是可以进行旋转的，旋转后的因子载荷矩阵中的值会出现两个极端的趋势，从而辨别出原始变量之间的相关程度，进

一步保证共同因子能够体现载荷量比较大的原始变量，并保证最终提取到的因子具有更准确的意义，能够给出比较符合实际情况的说明。

③具有客观性特征。在因子分析实证过程中，因子的权重不是人为确定的，是根据因子旋转处理后的贡献度确定，可以保证因子权重计算的客观性，以便使经营绩效评价结果更具有说服力。

以上对杜邦分析法等五种经营绩效评价方法进行了比较分析，经过总结和梳理，主要经营绩效评价方法的优缺点详见表4-3。综上所述，鉴于因子分析方法有以上优点和特征，所以对中国金融控股的经营绩效评价采用因子分析方法是非常合适的。

表4-3 主要经营绩效评价方法的优缺点比较分析

序号	评价方法	优点	缺点
1	杜邦分析法	1. 将净资产收益率拆解为三个经营指标的乘积，形成较完整的评价体系； 2. 层次和条理比较清晰	1. 不能够多维度、比较完整地、符合实际地说明一家金融机构的全部经营管理业绩完成情况； 2. 引导高级管理人员重点是关心和重视近期的经营管理业绩完成情况，不重视金融机构未来的治理发展、客户需求变化趋势、风险防控价值实现等； 3. 缺乏对金融机构将来经营发展的预测； 4 缺乏对金融机构风险管理等经营管理能力的评价
2	沃尔评分法	1. 财务指标和非财务指标的相结合，为企业的战略管理提供了较强的支撑； 2. 更注重团队的协作，对员工和管理层有较好的激励作用	1. 一些指标存在较大的主观性，不容易客观地确定； 2. 设计成本较高，需要花费较多成本在指标数值和重要级别的确定上； 3. 后期调整的成本较高，若发生较大变化，需要重新设计； 4. 单个指标影响程度可能较大。当评价指标中某个别指标数值出现比较严重的异常变化时，可能导致计算出的经营绩效评价结果产生较大变化

第4章 研究方法

续表

序号	评价方法	优点	缺点
3	因子分析法	1. 可以找出隐藏的具有代表性的因子，以及影响力； 2. 可减少变量的数目，检验变量间关系； 3. 计算因子得分中各个因子的占比等不是依据人为因素进行确定，而是通过量化分析所得，可以保障评价结果符合实际情况； 4. 整个过程都可用计算机软件方便快捷地进行，可操作性强	如果因子负载不都是正值或负值，或者原始变量数据值得量纲差异比较大时，用此方法开展绩效评价的意义就不显著
4	骆驼信用评级指标体系	1. 涉及的指标比较多； 2. 评价的方面比较广泛； 3. 能够比较全面、客观的放映商业银行的业绩状况	1. 指标的权重等是人为设定的，评价方法和结果有一定的主观性； 2. 区分度不高，不利于区分同一类商业银行的绩效评价； 3. 评价输出方式有限，主要通过报告的方式输出评价结果，可能增加主观判断，不能反映实际情况
5	陀螺评价体系		

资料来源：财政部.财务管理［M］.经济科学出版社，2021.

  经营绩效评价方法的选择非常重要。对金融企业采用合理、客观的经营绩效评价方法进行评价，一是有利于真实地反映金融企业的经营业绩和管理水平，便于为客观和合理评价经营管理者的实际经营管理水平提供依据；二是有利于发现经营管理和资产财务运营中存在的问题，推进金融企业经营管理水平的提升；三是有利于促进金融企业战略管理目标的落地实施，持续保持健康的发展。通过前期主要经营绩效评价方法的优缺点比较分析，本书采用因子分析研究方法作为对中国金融控股公司的经营绩效评价方法开展实证研究，按照图4-1的流程实施。

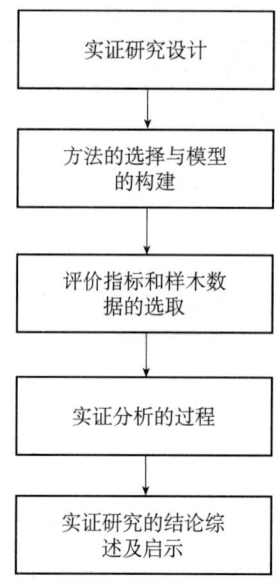

图 4-1　实证研究流程

4.3 样本数据和评价指标的选取

4.3.1　样本的选取和数据的搜集

(1) 样本的选取

近年来，伴随着中国金融市场化程度不断提高，形成了一批金融控股公司特征的集团（中国人民银行，2019）。本书选定金融控股公司中上市的全国性银行类控股金融控股公

第4章 研究方法

司作为研究对象,主要原因为:

一是中国金融控股公司处于发展初期。目前,中国的大部分金融控股公司只是采用股权的形式对两个以上的金融子公司进行财务投资,获取所占份额的分红收益。虽然部分企业具备了金融控股公司的雏形,但是只是将金融子公司进行了简单地组合,初步搭建了金融控股公司的组织管理架构,并未对所控股的金融子公司进行系统性的运营和管理。

二是目前我国金融控股公司以银行类金融控股公司为主。国内融资仍以间接融资为主,银行业金融机构在金融体系中占据突出地位;2016—2018年国内间接融资占比均在86%左右,其中,2018年国内间接融资占比为86.48%[①]。银行类金融机构控股的金融控股公司在中国金融控股公司中成立时间较长、发展规范,且商业银行是金融控股公司中最为重要的子公司,仍在国内处于基础地位。

三是上市的银行类控股金融控股公司较多,信息披露充分。银行类金融控股公司中上市的公司比较多且已经上市多年,公司治理健全,定期开展信息披露,有了多年的经营数据积累。国内其他类型的金融控股公司也正积极通过谋求上市进行融资,提升品牌影响力;通过研究已上市的银行类金融控股公司,可以对了解中国其他类型的金融控股公司发展状况起到较好的借鉴效果。

本书选取中国大陆地区目前已上市的13家全国性银行类金融控股公司为研究对象,分别为A银行、B银行、C银行、D银行、E银行、F银行、G发展银行、H银行、I银行、J银行、K银行、L银行、M银行。

一是上述13家银行类金融控股公司均持有两个(含)以上金融牌照,属于金融控股公司,且经营范围为全国,在

---

① 中国人民银行. 中国货币政策执行报告 [R]. 北京:中国人民银行,2019.

中国金融控股公司中成立时间较长、发展规范，它们的经营绩效评价的结果可以总体上反映中国金融控股公司的发展状况和趋势。

二是上述13家银行类金融控股公司的规模在金融业机构中占比较高。目前，虽然无法获取到我国金融控股公司相关规模数据，但是从13家银行类金融控股公司的总资产、总负债、净利润占全国银行业、金融业机构情况看，其规模比较大，占比较高。2018年，上述13家银行类金融控股公司的总资产合计为146.60万亿元，占全国银行业总资产的69.82%，占我国金融业机构总资产的49.95%；上述13家银行类金融控股公司的总负债合计为133.99万亿元，占全国银行业总负债的54.34%，占我国金融业机构总负债的50.05%；实现净利润1.40万亿元，占全国银行业净利润的76.50%[1]。将上述13家银行类金融控股公司作为样本进行研究，具有较强的代表性。

（2）样本的数据搜集

目前，学者普遍采用金融机构年度数据进行研究。为了避免抽样带来的误差，本书选用13家银行类金融控股公司2014—2018年这5年的年度财务会计报告等作为研究对象。

①样本数据的来源。样本数据来源于A银行等13家样本银行披露的上市公司2014—2018年这5年的年度财务会计报告、会计师事务所出具的审计报告、年度披露报告，其中年度披露报告涵盖公司主要情况概述、全年经营状况剖析和探讨、公司管理机制报告等内容。此外，样本的数据来源还包括所有样本银行的官方网站、中国人民银行网站、中国银保监会网站等公布的主要经营指标情况和信息报告。

---

[1] 中国银保监会. 中国银行业监督管理委员会2018年报[R]. 北京：中国银保监会，2019.

第 4 章 研究方法

②样本数据期间。样本的数据期间为 5 年，即 2014—2018 年。主要考虑以下因素：

一是考虑数据的完整性。近年监管政策趋严，对上市公司和下属子公司信息披露管理更规范，财务报表信息等更全面、丰富，且年度财务数据等较为稳定，数据质量较高。

二是数据的可比性。因近年中国利率市场化等金融变革深入推进，金融机构经营模式发生了深刻变化，若时间跨度较长，可比性较弱。

三是考虑数据的一致性。从 2006 年，国内金融业在银行业、证券业、保险业等分业经营的基础上，开始推进金融业综合化经营的试点（中国人民银行，2006）；2013 年，按照国务院要求，由中国人民银行牵头，联合中国银监会、中国保监会、中国证监会等确立了对中国金融行业进行联合监督和管理的日常会议机制（中国国务院，2013），为推动金融机构多元化发展夯实了基础。2013 年以来，各金融机构通过获取金融牌照开展综合化经营的步伐加快，逐步形成金融控股公司架构。2019—2021 年，中国暴发了新型冠状病毒疫情，疫情对经济发展和金融控股公司的经营产生了较大冲击。为保持数据的可比性和一致性，本书选取 2014—2018 年这 5 年的数据进行分析。

4.3.2 指标选取的原则

（1）经营管理"三性原则"

商业银行经营管理具有"三性原则"（黄达，2021），即"盈利性、安全性、流动性"。银行类金融控股公司的主体是商业银行，同样适用"三性原则"。

盈利性是指金融控股公司在日常经营和管理过程中，通过控制成本，力争以最低的成本，获得最大的利润。盈利性在金融控股公司经营管理中占有核心地位。安全性是指金融控股公司本身是经营和管理风险的,需要避免各种不确定因素对其日常运营产生影响,保证金融控股公司的稳健运行。流动性是指金融控股公司是为客户提供日常存款支取和发放贷款等金融服务的,需要保证资金的支付和归还处于比较合理的水平。金融控股公司的"三性"互相辅助,缺一不可;在资金运营安全性的基础上,做好资产的流动性管理,力争取得最大的盈利。

(2) 财务信息和非财务信息评价相结合的原则

传统的经营评价体系主要以财务报表为主体,可以反映金融控股公司过去的经营成果和管理水平,但是缺少非财务信息所反映的对未来价值的影响。

一是财务报表是经营情况的基础总结。金融控股公司的财务报表既可以用于回顾过去某一个阶段的财务经营情况,又可以梳理和分析财务经营管理中存在的缺陷,为接下来改善经营和管理提供决策参考和依据。财务报表仅反映了金融控股公司在财务运营方面的绩效水平,但不能比较多维度且客观地反映其整体的经营绩效水平。

二是非财务信息也是经营评价的重要组成部分。财务报表中的财务信息只能反映通过货币计量方式进行计算的定量经营信息,不能够反映非货币性质的定性经营信息;财务报表信息是最后财务经营结果的体现,不能够反映对金融控股公司影响较大的过程性管理情况,这些过程性管理指标对金融控股公司的经营管理和未来发展具有重要意义。所以,仅仅通过财务报表对金融控股公司进行绩效评价,具有比较大的限制(财政部,2021)。通过非财务报表对金融控股公司进行分析,也是经营绩效评价中非常重要的部分。

三是评价方法上采用比例分析法和比率分析法相结合。对财务信息和非财务信息通常使用的评价方法包括比例分析

第4章 研究方法

法和比率分析法（财政部，2021）。比例分析法是基于原因和结果之间的逻辑关系，对经营情况进行预测分析；比率分析法是通过经营指标之间的比率计算，分析和预测将来经营趋势。在对金融控股公司进行绩效评价时，采用比例分析法和比率分析法相互结合的形式，能够更全面地进行分析，发现经营发展趋势，为经营决策提供重要支撑。

（3）评价金融控股公司的原则

指标的选择是评价金融控股公司经营绩效的基础和关键，对结果有非常重要的影响，因此选取的指标体系既要能够比较全面地反映金融控股公司的经营绩效状况，又要抓住重点。指标的选择需遵循以下的原则（财政部，2016）：

一是全面性原则。选择的金融控股公司评价指标不仅能够体现评价金融机构常用的流动性、安全性、盈利性等"三性原则"，还应该涵盖财务信息和非财务信息，能够比较全面地对金融控股公司的经营管理情况进行评价。本书选择的评价指标覆盖了"三性原则"，兼顾了财务信息和非财务信息等，体现了全面性原则。

二是重要性原则。对金融控股公司开展分析的指标有很多，不可能将每个分析指标都纳入经营绩效评价体系；根据重要程度进行排序，选择对金融控股公司经营绩效评价结果影响比较大的指标，发挥关键指标的绩效评价引领作用。本书在梳理前期研究成果基础上，根据中国的金融控股公司发展阶段，重点选择了15个经营指标进行经营绩效评价。

三是层次性原则。根据金融控股公司评价指标的性质和特点，对多个维度的评价指标进行归类，将性质相近的评价指标划归为一个指标类别。结合前期研究梳理，本文将评价指标划分为五个层次。

四是可操作性原则。评价金融控股公司的各个指标的数据应该比较容易获得，以便模型具有实用性。

4.3.3 评价指标的选择

根据指标选取的原则,参照"骆驼信用"评级指标体系(CAMELS)、"陀螺"(GYROSCOPE)评价体系、国内外学者对金融控股公司和商业银行的经营绩效评价,本书选取金融控股公司的绩效评价指标(如表4-4所示)具体包括:

表4-4　　　　　经营绩效评价指标表

序号	分类	经营指标	指标性质
1	盈利能力状况	总资产报酬率	正向指标
2		净资产收益率	正向指标
3		净利润	正向指标
4		非利息收入	正向指标
5	经营增长状况	经济增加值回报率	正向指标
6		营业收入增长率	正向指标
7		净利润增长率	正向指标
8	偿付能力状况	资本充足率	正向指标
9		一级资本充足率	正向指标
10		资产负债率	适度指标
11	资产质量状况	拨备覆盖率	正向指标
12		贷款损失准备充足率	正向指标
13		不良贷款率	逆向指标
14	经营管理状况	成本收入比	逆向指标
15		每股收益	正向指标

(1) 盈利能力状况指标

盈利能力状况指标包括净资产收益率、总资产报酬率、净利润、非利息收入等4个指标。其中,净资产收益率、总资产报酬率等2个指标主要反映金融控股公司在一定经营期间内的投入资源的产出能力和效果;净利润、非利息收入等2个指标主要反映金融控股公司在一定经营期间内的盈利状况。

(2) 经营增长状况指标

经营增长状况指标包括经济增加值回报率、营业收入增长率、净利润增长率等3个指标。经济增加值回报率等3个指标主要反映金融控股公司在一定经营期间内的经营增长水平、资本增值状况及发展后劲。

(3) 偿付能力状况指标

资本充足率、一级资本充足率、资产负债率等3个指标归为偿付能力指标。这类指标主要反映金融控股公司在一定经营期间内承担的债务水平、实际支付债务的能力以及抵御财务风险的能力。

(4) 资产质量状况指标

不良贷款率、拨备覆盖率、核心资本充足率等3个指标归为资产质量指标,主要反映金融控股公司在一定的经营期间内利用现有资源的效率、对资产进行管理水平和对资产的风险管理能力。

(5) 经营管理状况指标

经营管理状况指标包括成本收入比、每股收益等2个指标,主要反映金融控股公司采取管理措施后,在一定经营期间内取得的管理成效,包括经营成本和每股创造的税后利润等经营管理状况。

4.3.4 单指标因素的比较分析

金融控股公司经营绩效评价指标本着经营管理"三性原

则"、财务信息和非财务信息相结合、指标选择"四原则"等进行选取确定。

(1) 盈利能力状况指标

金融机构的盈利能力是效益的集中体现,也是其保持在金融行业的市场竞争地位的根本保障。盈利能力评价指标主要来源于资产负债表、损益表、现金流量表,反映金融机构盈利能力的指标完成实际值值越高越好。

①净资产收益率。净资产收益率(财政部,2021)是由金融控股公司在一年内创造的净利润与年末净资产的比率计算所得。该指标说明了各股东的权益获取净利润的能力,是衡量股东投资的资金创造效益大小的重要指标。净资产收益率指标数值越大,表明股东投资的每一份权益获得的净利润越高。

②总资产报酬率。总资产报酬率(财政部,2021)是指金融控股公司在本年内实现的净利润与一年内资产平均余额的比例,反映了金融控股公司利用全部的资产获取收益的能力,即每1元资产能够赚取的净利润。如果这一指标值越大,说明金融控股公司每单位资产创造的净利润越高,也表明取得了更多的经济效益。如果这一指标值越小,说明金融控股公司的经营结果相反,在创造收入、压缩成本和提高资金使用效率等方面还需要改进。该指标能够督促金融机构的管理层重视每单位资产的创效能力,优化增加收入和降低成本的精细化管理,促进效益提升。

③净利润。净利润(财政部,2021)又称税后利润,是指金融控股公司在一定经营期间内实现的利润总额扣除期间计提的所得税后的金额。其中,所得税是指金融控股公司按照国家税法规定的计算税率的标准,向相关税务机关缴纳的税金。

④非利息收入。本指标将在4.3.5一节"与传统商业银

第 4 章 研究方法

行主要评价指标的区别"中详细阐述。

(2) 经营增长状况指标

经济增加值回报率、营业收入增长率、净利润增长率等归类为经营增长状况指标。其主要来源于财务报表中损益表。

①经济增加值回报率。经济增加值回报率作为本书金融控股公司经营绩效评价体系中重要指标,将在下文4.4一节"引入经济增加值EVA模型"中作详细的说明。

②营业收入增长率。营业收入增长率(财政部,2021)反映的是金融控股公司在本年实现的营业收入较上年的增加额与上年营业收入的比例。营业收入增长率是评价金融控股公司经营发展情况、市场占有状况、预计金融控股公司业务未来发展趋势的重要指标。

③净利润增长率。净利润增长率(财政部,2021)是金融控股公司在本年实现的净利润较上年的增加额与上年净利润的比例,是评价金融控股公司在一定经营期间内盈利情况的重要指标。

(3) 偿付能力状况指标

偿付能力状况指标主要包括资本充足率、核心资本充足率、资产负债率等指标。偿付能力状况指标主要来源于非财务报表信息。

①资本充足率。资本充足率[①]是金融机构在一年内总资本净额和加权风险资产合计值的比例,是保证金融机构正常运营和发展的比率特定值。该指标表明了如果一家金融机构因为市场信用风险、操作风险等导致存款和债权的持有人的资产造成亏损时,那么这一金融机构能够使用自有资本金对形成损失进行赔偿的能力。各个国家的金融监管部门通常会

---

① 中国银监会. 商业银行风险监管核心指标 [R]. 北京:中国银监会,2006.

非常重视对金融机构的资本管理,明确规定不同类型的金融机构的资本充足率达标要求和不达标的处罚措施。按照中国银保监会的监管要求,商业银行的资本充足率不应该低于8%。

②核心资本充足率。核心资本充足率(中国银监会,2005)是指年末金融机构的核心资本和加权风险资产合计值之间的比例。按照中国银保监会的监管要求,商业银行不应低于4%。

金融监督管理部门制定的《商业银行资本充足率管理办法》(中国银监会,2005)等,明确规定了计算资本充足率所用到的风险加权资产、市场风险资本等指标的具体定义和计算公式。

③资产负债率。资产负债率(财政部,2021),是指一家金融控股公司通过会计核算在资产负债表中,拥有的负债总额和持有的资产总额之间的比例。该指标能够反映金融控股公司运用债权所有人的资金开展资金日常运营、资金有效运用的水平,同时也可以用于检查金融控股公司的财务运行和管理是否能够保持稳定。

(4)资产质量状况指标

金融控股公司的资产质量情况指标,反映了一家金融控股公司持有资产的安全程度,能够体现对持有的有风险的贷款等资产进行管理和处置的能力,尽最大可能地挽回经济损失。资产质量评价指标主要来源于财务报表中资产负债表和非财务报表信息。鉴于13家银行类金融控股公司尚未披露不良资产余额,仅披露了不良贷款情况,该类指标主要通过不良贷款率等指标进行评价。

①不良贷款率。不良贷款率(中国银监会,2005)指金融控股公司一定经营期间内不良贷款余额与各项贷款余额的百分比率,主要来源于非财务报表信息。

不良贷款指按照中国银保监会（中国银监会，2003）中明确的贷款五级分类标准，按照风险情况不同，可以划分为五个类别，即正常类、关注类、次级类、可疑类、损失类。其中，后面三个类别的贷款可以归类为不良贷款。目前，商业银行的主要利润来源仍然是贷款的利息收入，其风险管理情况直接决定了盈利水平，也决定了商业银行未来的可持续发展能力。不良贷款率越高，表明金融机构按照五级分类划分为后三类的贷款金额占比较大，预计未来不能偿还的贷款与贷款总额之间的百分比率越大，对贷款的风险管理能力越需要加强；不良贷款率越低，说明对贷款的风险管理能力较强。

②拨备覆盖率。拨备覆盖率（中国银监会，2005）是金融控股公司在一个经营期间内，计提的贷款损失准备金额与不良贷款余额的百分比率。拨备覆盖率是评价计提的贷款损失准备金覆盖不良贷款程度的重要指标。金融控股公司如果计提拨备覆盖率充足，则说明财务管理稳健运行，风险控制在可控的范围内，拥有风险抵御能力。

③贷款损失准备充足率。贷款损失准备充足率（中国银监会，2005）是指金融控股公司贷款实际计提的减值准备金与应该计提的减值准备金之比。贷款损失准备是指金融机构发放的某一笔贷款的账面金额和估计将来该贷款能够偿还金额的现值的差额。按照监管制度要求，金融机构需要根据每笔贷款的风险分类结果计提贷款损失准备金，在判断风险分类结果时需要综合考虑贷款企业或个人偿还贷款的能力、抵押品等情况，综合判定该业务的风险状况。

（5）经营管理状况指标

金融控股公司的经营管理状况指标，能够反映金融控股公司通过采取管理措施，所取得的成效。投资者等可以通过经营管理状况指标，了解一家金融机构在一定经营期间内的经营管理情况，判断将来这家金融控股公司经营业绩发展的趋势，并根据现在的经营情况和将来的判断做出合理的业务选择。经营管理状况指标主要来源于财务报表中损益表和非财务报表信息。

①成本收入比。成本收入比（财政部，2021）是金融控股公司在一定经营期间内支出的营业费用与创造的营业收入的百分比例，反映出金融控股公司每获取1元的营业收入需要支出的营业费用金额。成本收入比指标越高，说明该金融控股公司每取得1元的营业收入需要支出的营业费用越高，取得营业收入的能力越弱；反之，则说明该金融控股公司取得营业收入的能力较强。所以，成本收入比是评价一家金融控股公司盈利情况的主要参考指标。

②每股收益。每股收益（财政部，2021）是专门用于分析上市的企业财务情况的指标，可以用来评价金融控股公司经营管理层的经营业绩和管理的效果。计算每股收益的公司有多种，本书采用通常使用的基本每股收益的方法进行计算。投资者等经常用每股收益来评定金融控股公司的普通股在一定经营期间内获取盈利的能力和投资对应的风险水平。

4.3.5 与传统商业银行主要评价指标的区别

与传统商业银行主要评价指标相比，在对金融控股公司主要评价指标中增加了非利息收入指标。

非利息收入[①]是指金融控股公司在一定经营期间内取得的营业收入构成中，扣除存款和贷款利差收入以外的部分。

---

① 徐向攀. 中外商业银行杠杆效应比较研究——基于中国建设银行、美国银行案例分析[J]. 金融理论与实践，2012（06）：91-94.

第4章 研究方法

非利息收入主要包括手续费佣金收入和其他非利息收入。其中，手续费收入主要来源于商业银行和非其他专业性金融机构的手续费收入。商业银行手续费收入包括银行卡手续费收入结算与清算手续费收入等。其他专业性金融机构的手续费收入涵盖理财产品业务收入、顾问和咨询费、债券承销业务收入等。其他非利息收入主要来源于其他专业性金融机构从事金融市场业务、保险业务投资业务等获取的收入，例如保险业务收入、投资公司的公允价值变动损益等。

长期以来，中国的利率是由政府管制，比如存款和贷款等利率是由中国人民银行确定和颁布，商业银行按照颁布的利率执行。所以，中国的金融机构特别是商业银行，大部分营业收入和利润的来源是由存款和贷款等利差产生的收入，此部分以外的中间业务收入、投资业务收益等非利息收入在营业收入中的占比非常低。与非利息收入相比，存贷款利息收入具有较大的波动性，主要受两个方面影响：一是中国人民银行调整存贷款利率，对存贷款利息收入影响较大；二是受经济周期的波动影响，特别是逆周期的时候，信贷业务的风险加快暴露，不良贷款率提高，将侵蚀利润。非利息收入因为遭受商业周期的震荡影响范围比较小，而且它的来源不会通过消耗金融机构的风险资产和资本获取，所以这一个指标能够反映一家商业银行实施轻资本化经营和管理的能力。轻资本化运营是通过加强资本节约型模式的管理，降低资本占用较多业务的比重，提高资本的回报水平。所以，近几年来，中国的商业银行逐步加大对非利息收入业务的布局和拓展，成为商业银行转型发展的重要战略选择。

近年来，中国人民银行和中国证监会加快推进利率和资本的市场化改革力度，存款和贷款之间的利差下降，对通过以存贷利差获取主要营业收入和利润来源的传统商业银行影响比较大。商业银行的这种传统的经营模式受到较大挑战,创造非利息收入的情况成为衡量商业银行提升业务创新能力和推动经营转型和发展状况的重要标志[1]。同时,商业银行提高非利息收入也可以促进业务多元化的发展,减少了对存款和贷款利率差额波动性带来的影响,有利于巩固和提升整体赚取净利润的能力[2]。所以,将非利息收入作为反映银行类金融控股公司多元化发展程度和水平的重要指标纳入评价指标。

4.4 引入经济增加值 EVA 模型

4.4.1 经济增加值 EVA

经济增加值模型英文简称为 EVA,是一种对企业经营情况进行分析和评价的工具(程婵娟、周好文,2012)。

经济增加值是指金融控股公司在一定经营期间内,实现的税后净利润扣除投资者投入资本所占用的机会成本后,剩余的部分。经济增加值是经济增加值模型评价体系的核心指标。经济增加值指标最大的特点是从投资者的角度重新定义

---

[1] 魏鹏. 中国上市银行中间业务收入发展状况分析——基于2006—2011年11家上市银行年报数据[J]. 西南金融, 2012(11): 51-54.

[2] 苏志强, 王硕. 商业银行非利息收入研究的主要分歧和障碍[J]. 金融理论与实践, 2014(07): 87-92.

第4章 研究方法

了金融控股公司的净利润,该重新定义后的净利润不是传统的会计利润,而是经济利润。投资者的资本投入都是有机会成本的,当金融控股公司创造的净利润低于投资者投入的资本成本时,就不能为股东创造价值。经济增加值指标能够比较全面地衡量一家金融控股公司的经营管理者,利用投资者投入的资本金为股东创造价值的能力和水平。此外,经济增加值指标还能够比较有效地避免金融企业的经营管理者出于短期利益做管理决策,更有利于金融控股公司的长久和可持续发展。用公式表示为:

$$经济增加值(EVA) = 税后净利润(NOPAT) - 资本成本(COC) \quad (4-1)$$

$$资本成本(COC) = 资本总额(TC) \times 加权平均资本成本率(C\%) \quad (4-2)$$

式(4-1)、式(4-2)中,税后净利润($NOPAT$)来源于金融控股公司披露的损益表,根据损益表可以计算得出。

资本总额(TC)是投入金融控股公司的资本,包括两种:一种是债务资本;第二种是权益资本。

加权平均资本成本($C\%$)是所投金融控股公司的资本的成本率,资本的成本率包括两种:一种是债务资本的成本率,即金融控股公司承担的债券等债务资本所对应的利率;另一种是权益资本的成本率,即投资金融控股公司的股东提出的预期的资本回报水平。用公式表示为:

$$加权平均资本成本率\ WACC(即\ C\%) = 权益资本比例 \times 权益资本成本率 + 债务资本成本率 \times (1 - 所得税税率) \times 债务资本比例 \quad (4-3)$$

根据前期的文献研究(财政部,2021),加权平均资本成本率通常有三种确定方法：一是商业银行当期一年期存款利率；二是当期五年期国债利率；三是一年期流动资金贷款利率。《金融企业绩效评价办法》（财政部，2016）中将资本成本率参照中国人民银行发布的当前的期限为一年的流动资金贷款利率计算，若所在一年内利率进行了一次或多次调整，根据这一年内不同时间区间执行的实际利率进行加权计算平均的执行利率。本书采用此办法计算。

4.4.2 经济增加值回报率

经济增加值回报率（程婵娟、周好文，2012）是指金融控股公司在一定时间内实现的经济增加值与总资本的比率，反映了金融控股公司利用资本创造价值能力，即每1元总资本创造的价值[1]。该比率越高，表明金融控股公司资本创造价值能力越强越好，否则相反。

4.4.3 经济增加值模型与传统绩效评价指标的比较

传统的经营绩效评价主要是以利润或者净资产收益率为中心的评价指标体系，经济增加值模型在此基础上考虑了全部成本、长远目标等，两类评价方法比较如下：

（1）传统绩效评价的缺点

对金融机构进行经营绩效考核与评价采用的传统指标主要包括两种类型：第一种类型是围绕利润这个指标为重心进行评价，具体指标选择上采用净利润，还有与创造净利润密

---

[1] 程婵娟，周好文著．商业银行财务管理学［M］．西安：西安交通大学出版社，2012．

第4章 研究方法

切相关的成本费用利润率、资产报酬率等指标。第二种类型是围绕净资产收益率这个指标为重点进行评价，主要思路是按照金融机构的净资产收益率计算公式的逻辑进行推理和演绎，逐层分解为不同的经营指标，对企业的经营业绩进行比较。

传统的经营绩效评价存在的主要缺点如下：

一是传统的经营绩效考核评价指标主要以利润等财务报表数据为主，不能够符合实际地度量企业为股东实现的真实价值。财务报表中的净利润实质上是会计利润，未考虑投资者所投资的资本占用的机会成本，不能够完全覆盖金融企业的成本范围，也不能够准确衡量该金融控股公司是否为股东创造价值以及创造价值的具体数量。

二是传统的经营绩效评价指标基于财务报表为基础，存在一定的失真。成本费用利润率、资产报酬率、净资产收益率等指标都是通过金融控股公司的财务报表计算得出的。财务报表是按照会计准则核算的，根据财务报表计算出的财务指标，与经营管理指标相比，存在一定的失真。例如净利润指标仅仅考虑了债务资本，但未考虑股权资本；扣除了债务资本占用的成本，但未扣除股权资本所对应的资本成本。

三是传统的经营绩效评价指标容易让经营管理者追求短期行为，非长远发展。按照会计准则核算的净利润等指标，可能存在经营管理者人为操作，以取得短期的利润最大化，与金融控股公司实际的情况不一致或差异较大。因此，传统的以利润为核心的经营绩效评价指标可能引导金融控股公司的经营管理者追逐短期的利益最大化，而忽视了股东的利益最大化，即金融企业的价值最大化，不利于金融控股公司的长久发展，也不利于金融企业保持可持续的发展。

(2) 经济增加值模型评价的优点

经济增加值模型评价方法与传统经营绩效评价方法相比,是一种更能比较客观和全面地反映金融控股公司的真实业绩的方法,体现了金融控股公司的价值创造能力①。经济增加值模型评价方法的主要优点如下:

一是考虑了全部的成本。与传统的净利润、成本费用利润率、资产报酬率、净资产收益率等经营绩效评价指标相比,经济增加值模型评价方法在成本支出上包括了投资者投入资本的成本,支出成本的口径更全面,体现了投资者的利益。通过经济增加值模型评价方法的应用,可以让金融控股公司的经营管理者在日常经营中认识到使用投资者的资本是有机会成本的,应该更有效地利用投资者的资本投入。金融控股公司财务报表展现出的净利润等指标不是最终创造的利润,只有扣除债务资金成本和投资者的资本成本后,才是金融控股公司真正创造的价值。

二是考虑了会计核算失真。企业会计准则(财政部,2014)是开展会计核算工作的基本原则,该准则从会计的角度对金融控股公司一定经营期间内的利息支出、费用、营业收入、净利润等进行核算,但没有考虑股东的利益。从内部经营绩效管理的角度出发,经济增加值模型方法对金融控股公司损益表、资产负债表等进行了一定的调整;经济增加值能够体现出投资者的利益和价值创造的最大化,将其纳入经营绩效评价指标体系,有利于客观地评价金融控股公司的绩效。

三是考虑了长远目标。与以净利润为核心的传统经营绩效评价指标相比,经济增加值模型评价方法能够结合投资者

---

① 李海辉. 基于 EVA 理论的商业银行绩效管理研究 [D]. 山东济南:山东大学,2019.

第4章　研究方法

的利益，考虑了投资资本的机会成本，为金融控股公司制定了更明确和长远的经营目标。经济增加值的增长反映了金融控股公司价值的增长，长期的经济增加值增长反映了金融企业长期的价值增长，体现了价值最大化的目标，有利于引导金融控股公司促进可持续发展。

4.5 统计分析法步骤

4.5.1 研究假设

本书研究对象为金融控股公司，结合前期文献，设置了研究假设，即假设金融控股公司对经营绩效、盈利能力、偿付能力、成本管控能力等提升均具有正向作用。

4.5.2 数据处理

在开展因子分析时，选择的金融控股公司不同评价指标的原始变量因为量纲不同，指标间的数据值可能会差异较大，不利于指标变量之间进行相关性比较分析。为提高因子分析结果的可用性和准确性，有必要按照分析规则对选择的金融控股公司评价指标的原始变量的初始数据值开展标准化模式的加工。本书在对原始变量进行标准化模式加工时，采用了常使用的 IBM SPSS® 统计学分析软件。

4.5.3 信度和效度分析

统计分析软件中的"降维"功能模块中具有开展因子分析的功能。本书采用 IBM SPSS® 统计分析软件中相关模块的分析检验模型对评价金融控股公司的资本充足率等 15 个原始变量,分别开展了两种类型的模型检验,一种是 KMO 模型检验,另一种是 Bartlett 球体模型检验。

如果通过以上两种模型检验得出的结论符合开展因子分析的要求,则说明 15 个原始变量之间具有相关性,适合开展因子分析。即通过 KMO 模型检验,得出 KMO 度量值大于 0.7,并同时满足通过 Bartlett 球体模型检验,得出度量值符合近似卡方、*Sig.* 值的标准。

4.5.4 实证分析过程

在因子分析过程中,能够保证顺利地实施因子分析法的核心步骤是根据收集整理的样本数据,计算得出因子载荷矩阵。统计分析软件中拥有 7 种从原始变量中提炼出因子的方法,其中主要成分分析法是比较经常使用的方法。本书采用主成分分析法进行分析,因子分析过程图见图 4-2。

在提取金融控股公司相关原始变量的因子过程中,采用了特征值准则、碎石检验准则。为了更好地分析因子分析解的结果,常常需要将因子载荷分解为比较容易解释的形式,常用的方法有正交旋转和斜交旋转。因子载荷矩阵是对每个因子进行方差极大化处理后形成的,通过此方法有助于获取到每个原始变量的因子排列组合,进一步构建因子分析模型。本书通过因子分析模型对样本数据进行评价分析。

第4章 研究方法

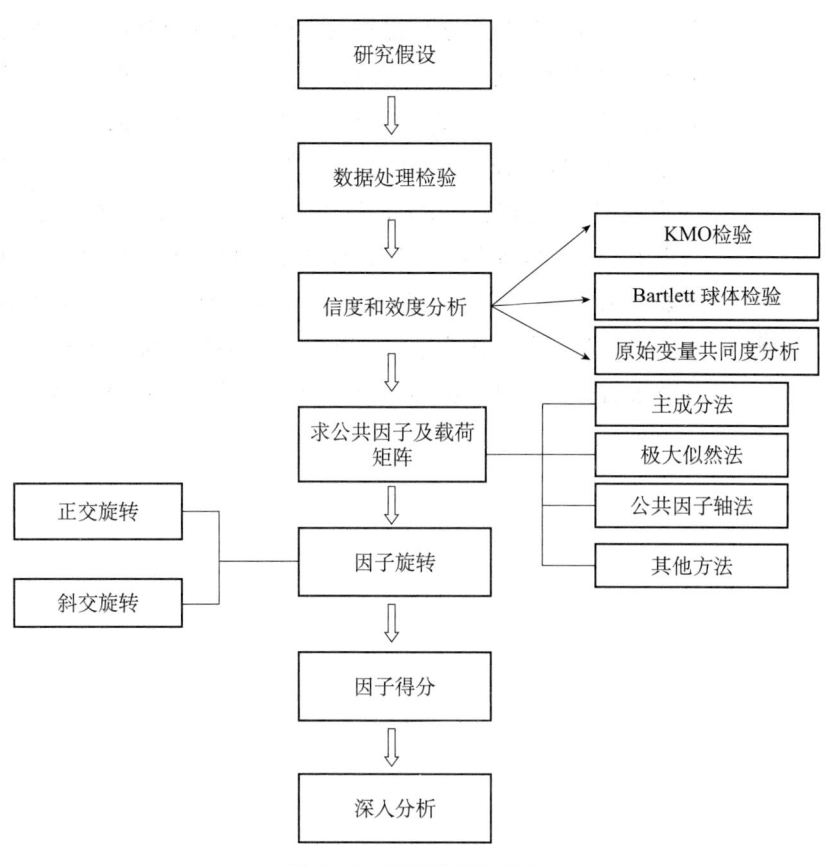

图4-2 因子分析过程图

4.6 本章小结

本章节首先介绍了经营绩效评价的五种方法,在对前期主要经营绩效评价方法的优缺点的比较分析的基础上,结合中国金融控股公司的实际情况,本书采用因子分析法对经营绩效进行实证研究。接着,介绍了研究所需数据的收集,包括样本的选取和样本数据的搜集;其中,选取的样本主要是13家全国性银行类金融控股公司,样本的数据期间为五年,即2014年到2018年。然后,叙述了评价指标的选取,本书选取了15个重要的评价指标,并将非利息收入等指标作为金融控股公司与传统商业银行经营绩效评价指标的区别。本章节最后介绍了评价指标中引入的经济增加值EVA模型。

第 5 章 研究数据结果与分析

本章结合前期文献等研究，设定了研究的假设，介绍了数据处理方法，开展了倍度分析和效度分析，采用因子分析法进行了实证分析研究，对实证结果进行了验证，并梳理和分析了经营绩效评价结果。

5.1 研究假设

根据规模经济理论、风险分散理论、范围经济理论等，结合前期学者的研究文献，提出了综合化经营与盈利能力、风险抵补、成本管控、经营绩效等关系假设。

5.1.1 假设1：综合化经营与盈利能力关系假设

规模经济理论认为，随着规模扩大，平均成本下降，规模报酬递增，实现收益增加和竞争力增强。

威廉姆斯（Williams，1985）认为，金融行业的资产专用性低，具有更大的规模经济潜力和明显的规模报酬递增效应。桑德斯（Saunders）和沃尔特（Walter，1994）深入研究发现，因为不同金融业务之间的现金流具有不完全相关性，金融机构开展多元化经营后，可以通过加强组合管理，保持利润的稳定性。范德（Vander，1998）认为，金融机构开展银行、证券、保险业务的组合，可以降低平均成本，带来规模经济效益；采用金融控股公司模式实施多元化经营可以促进金融体系的运行速度和质量的提升。文内特（Vennet，2002）认为，金融集团及全能型银行比单一的商业银行具有较强的盈利能力。

据此，本书提出第一个研究假设：实施综合化经营对中国金融控股公司盈利能力提升具有正向影响。

5.1.2 假设2：综合化经营与偿付能力关系假设

风险分散理论认为，金融机构通过实施多元化经营，为客户提供综合金融服务，在经营环境存在不确定的情况下，比单一的专业性金融机构更容易获得稳定的利润，起到对冲和降低风险的作用；通过对资产投资进行组合管理，可以对不同专业性金融机构之间的业务进行匹配，达到分散和降低经营风险、稳定收益的目的。

第5章 研究数据结果与分析

本森（Bensen，1990）认为，金融机构的多元化经营，有利于开展风险组合管理，降低经营风险。桑德斯（Saunders）和沃尔特（Walter，1994）认为，金融控股公司拥有多元化业务，能够产生较稳定的利润来源、现金流量，可降低扩张带来的经营风险。宋伟（Song Wei，2012）认为，商业银行进行综合金融经营后，业务发展多元化，能够达到分散风险的目的。

因此，本书提出第二个研究假设：实施综合化经营对中国金融控股公司偿付能力提升具有正向影响。

5.1.3 假设3：综合化经营与成本管控关系假设

范围经济理论认为，生产厂商在保持生产技术和设备不变的前提下，通过扩大生产的经营与服务范围，提供不同种类的产品时，所付出的成本比分别提供产品时的成本总和要低。金融资产和非金融资产相比，金融资产之间具有较多的通用性，可以互相贯通链接的地方比较多，金融机构通过拓展经营范围，实施多元化的综合化经营模式，能够更快地实现范围经济，降低运营成本。

斯坦海尔（Steinheer）和胡维尼尔（Huveneers，1990）认为，全能型银行与单一商业银行相比，具有产品多元化的特点，可以通过将客户的固定成本分摊至多元化的金融产品中，降低成本，获得范围经济。卢埃林（Llewellyn，1996）研究表明，金融控股公司可以利用旗下商业银行现有的营业网点等营销渠道，销售旗下其他金融机构的各类金融产品，降低单位成本，即存在范围经济效应。

基于以上，本书提出第三个研究假设：实施综合化经营对中国金融控股公司成本管控能力提升具有正向影响。

5.1.4 假设4：综合化经营与经营绩效关系假设

通过前期学者的研究文献可以得知，大多数的学者研究支持经营多元化与经营绩效具有正相关关系。

巴特（Barth）、诺尔（Nolle）和瑞思（Rice，1997）选取19个欧盟国家和十国集团的142家商业银行作为研究样本，通过对比分析研究表明，开展证券、保险等业务的商业银行经营绩效优于限制开展相关业务的商业银行。瑞恩瑞德（Reinvaded，1993）考察了欧洲一些典型的金融机构，通过研究表明，金融控股集团的收入效率高于专业性金融机构，全能型银行的成本效率优于专业性金融机构。沙克（Schaeck，2008）认为，金融机构通过实施多元化经营，能够为客户设计和提供涵盖存款和贷款业务、证券投资和上市辅导、人身健康保险和财产损失保险等综合性的金融服务方案，促进金融机构的经营绩效的提升。佩尔万（Pervan，2012）对克罗地亚的金融控股公司进行了实证研究，也认为金融控股公司通过开展多元化的业务经营，能够促进经营业绩的提升。

根据以上推理，本书提出第四个研究假设：实施综合化经营对中国金融控股公司经营绩效的提升具有正向影响。

5.1.5 研究假设汇总

综上所述，根据规模经济理论、风险分散理论、范围经济理论等，结合相关文献，提出的四个研究假设，如表5-1所示。

第5章 研究数据结果与分析

表 5-1 本书研究假设汇总

序号	研究假设
1	实施综合化经营对中国金融控股公司盈利能力提升具有正向影响
2	实施综合化经营对中国金融控股公司偿付能力提升具有正向影响
3	实施综合化经营对中国金融控股公司成本管控能力提升具有正向影响
4	实施综合化经营对中国金融控股公司经营绩效的提升具有正向影响

为验证研究假设的合理性，本书将进一步开展实证研究。本书选用13家银行类金融控股公司5年（2014—2018年）披露的上市公司年度报告等为研究基础，并根据银行类金融控股公司持有的金融牌照数量情况分为三个组进行分类研究。选取经济增加值回报率、净资产收益率等15个重要的经营指标作为金融控股公司的绩效评价指标。将通过因子分析方法进行实证分析，使用统计学分析软件中卡方检验模型对四个研究假设进行验证。

5.2 数据处理

因子分析方法是一种通过统计分析软件，采用因子分析模型，对多种原始变量进行统计和分析的方法。它是依据多个原始变量之间互相依赖的程度基础上，将一些具有复杂关系的原始变量进行整合，汇总和简化为几个具有代表性的公共因子，然后再进行分析。

开展因子分析的统计分析软件有多种，其中主要的计量分析软件是SPSS、Stata、SAS等①。结合文献，通过对SPSS、Stata、SAS等软件优点和缺点进行梳理和对比分析，可以得知SPSS软件的优势在于开展因子分析。结合中国的金融控股公司经营绩效评价的实际，本书采用IBM公司研发的IBM SPSS®统计分析软件进行因子分析、聚类分析和卡方检验模型验证等。主要计量分析软件的优缺点见表5-2。

表5-2 主要计量分析软件优缺点表

软件名称	主要优点	主要缺点
SPSS软件	1. 功能和Excel表格一样，非常容易使用； 2. 系统操作方便、快捷，在系统页面上就可以对数据库进行编辑； 3. 具有方差分析、因子分析、回归分析、卡方检验等多种功能，比较齐全； 4. 主要优势在于能够进行多种特殊效应的检验，比如方差分析，也能开展多元方差分析、因子分析、回归分析等多个变量的分析	生成图的结构比较简单
Stata软件	1. 拥有较多的进行分析的软件功能，能够对数据库进行简单的操作； 2. 具有回归分析、方差分析、因子分析等大部分的计量分析功能； 3. 最主要的优势在于能够容易地进行回归分析	只能处理一个数据文件，不能同时对多个数据文件进行操作
SAS软件	1. 具有比较丰富的系统使用功能，操作者可以自行编制程序、加工处理数据； 2. 拥有大多数的统计分析功能，包括因子分析、方差分析、多变量分析、回归分析等； 3. 能够采用SQL编程语言等，对数据库进行加工、处理； 4. 能够对多个数据文件，同时进行处理； 5. 最主要的优势在于开展方差分析、混合模型分析等	1. 非常难掌握编程的程序； 2. 需要通过较长的时间的培训等，才能掌握数据的加工、处理方法

资料来源：潘省初著.计量经济学［M］.北京：中国人民大学出版社，2015；张文彤著.SPSS统计分析基础教程［M］.北京：高等教育出版社，2017；高铁梅著.计量经济分析方法与建模［M］.北京：清华大学出版社，2016。

---

① 潘省初著.计量经济学［M］.北京：中国人民大学出版社，2015。

第5章 研究数据结果与分析

因子分析方法的主要思路是分类和提炼。首先，对许多的原始变量进行分类。分类的判断标准是原始变量之间的相关程度高低，归类为不同种类型的原始变量之间的相关程度非常低，同种类型的原始变量之间相关程度非常高。其次，对每一类原始变量提炼出代表性因子。经过归纳总结和提取后的每一类的原始变量就是代表性因子即公共因子。因子分析方法就是对较多的原始变量进行简化，形成提炼后的少数的代表性因子，并进行分析。在通过统计分析软件开展因子分析之前，需对一些原始变量进行正向化处理和原始数据的标准化处理。

5.2.1 指标正向化处理

在对金融控股公司多个经营指标进行综合评价过程中，按照经营指标数值与评价结果之间的逻辑关系，可将指标分为三种，即正向指标、逆向指标、适度指标。

如果一个经营指标的数值越大，对结果的评价越具有正向作用，那么此类经营指标称为正向指标，也称为效益类型指标；如果一个经营指标的数值越小，对结果的评价越具有正向作用，那么此类经营指标称为逆向指标，也称为成本类型指标；如果一个经营指标的数值越靠近某一个确定数值，对结果的评价越具有正向作用，那么此指标称为适度类型指标。

因为正向指标（效益类指标）和逆向指标（成本类指标）的数值具有相反的变化方向，为方便统计分析和保证结果的合理性，在开展综合评价之前，需要对经营指标进行同向化处理。通常采用的方法是将逆向指标转化为和正向指标相同的变化趋势①。在实际应用中许多学者常采用"倒数逆变换法",即采用逆向指标数值的倒数的计算方法。

本书选取了15个评价指标,指标类别涵盖正向指标、逆向指标和适度指标。鉴于逆向指标、适度指标与正向指标的数值变化趋势差异较大,需要对逆向指标、适度指标数值进行同一个方向化处理,处理方法如表5-3所示。

表5-3　　　　　　经营绩效评价指标体系表

序号	分类	经营指标	变量	指标性质
1	偿付能力状况	资本充足率	X_1	正向指标
2		一级资本充足率	X_2	正向指标
3		资产负债率	X_3	适度指标
4	盈利能力状况	总资产报酬率	X_7	正向指标
5		净资产收益率	X_8	正向指标
6		净利润	X_4	正向指标
7		非利息收入	X_5	正向指标
8		经济增加值回报率	X_6	正向指标
9	经营增长状况	营业收入增长率	X_{10}	正向指标
10		净利润增长率	X_{13}	正向指标
11	资产质量状况	拨备覆盖率	X_{11}	正向指标
12		贷款损失准备充足率	X_{12}	正向指标
13		不良贷款率	X_9	逆向指标
14	经营管理状况	成本收入比	X_{15}	逆向指标
15		每股收益	X_{14}	正向指标

(1) 正向指标

正向指标不需要处理。包括资本充足率(X_1)、一级资

---

① 叶宗裕. 关于多指标综合评价中指标正向化和无量纲化方法的选择 [J]. 浙江统计,2003 (04):25-26.

第5章 研究数据结果与分析

本充足率（X_2）、经济增加值回报率（X_4）、净资产收益率（X_5）、总资产报酬率（X_6）、净利润（X_7）、非利息收入（X_8）、拨备覆盖率（X_{11}）、贷款损失准备充足率（X_{12}）等10个指标。

（2）逆向指标

包括成本收入比（X_9）、不良贷款率（X_{10}）等2个指标。通过取其数值的倒数用于与其他类指标进行正向化处理。

（3）适度指标

资产负债率（X_3）是适度指标。鉴于中国银保监会已取消对资产负债率等指标的监管达标要求（全国人大常委会，2015），对该指标暂不处理。

5.2.2 原始数据标准化

在对原始数据进行正向化处理后，还需要对数据进行标准化处理。由于不同指标变量的量纲不同，指标变量在数值上的表现可能存在较大差异；为了消除不同指标变量因量纲的差异而造成的对因子分析的影响，方便指标变量之间进行相关性的比较分析，在开展因子分析之前，需要先对原始数据进行标准化。例如，本书采用的"净利润、非利息收入、拨备覆盖率、贷款损失准备充足率"指标与其他指标变量存在量纲的差异，该指标数据值与其他一些指标变量的数据值存在较大的差异。

目前，最普遍使用的消除量纲的方法是标准化法。本书进行原始数据标准化时，通过统计分析软件标准化处理功能自动进行标准化处理。

5.3 信度分析和效度分析

开展金融控股公司的经营统计分析研究工作前需要进行经营指标数据的信度分析和效度分析。信度分析是对经营指标数据的可信程度进行检验，效度分析是对经营指标数据的有效程度进行检验。只有保证数据符合信度分析和效度分析要求的前提下，开展经营统计分析才具有意义。因子分析方法是常用的数据统计分析方法之一，其对数据的可信程度和有效程度要求比较高。

5.3.1 信度分析

信度分析是对选取的金融控股公司样本答题结果的可靠性和真实性情况进行测试。实施信度分析的软件工具可以应用统计分析软件。本书选取上市的金融控股公司作为样本，样本数据来源为上市公司年度披露报告。《企业会计准则—基本准则》（财政部，2014）和《上市公司信息披露管理办法》[1]对上市公司信息披露和年度财务报告质量等作出了详细和确切的要求，且监管部门对其监督检查，保证了样本数据的可靠性和真实性，本书不再开展样本数据的信度分析。本书采用的评价指标数据来源情况表见表5-4。

---

[1] 中国证监会. 上市公司信息披露管理办法 [R]. 北京：中国证监会，2021.

第5章 研究数据结果与分析

表 5-4　　　　　评价指标数据来源情况表

序号	分类	经营指标	上市公司年度披露报告	
			财务报表信息	非财务报表信息
1	盈利能力状况	总资产报酬率	√	
2		净资产收益率	√	
3		净利润	√	
4		非利息收入	√	
5	经营增长状况	经济增加值回报率	√	√
6		营业收入增长率	√	
7		净利润增长率	√	
8	偿付能力状况	资本充足率		√
9		一级资本充足率		√
10		资产负债率	√	
11	资产质量状况	拨备覆盖率	√	√
12		贷款损失准备充足率	√	√
13		不良率		√
14	经营管理状况	成本收入比		√
15		每股收益		√

（1）上市公司会计信息质量要求

本书选取的13家金融控股公司均为企业。13家金融控股公司作为企业，发布的财务报告需符合财政部颁发的《企业会计准则——基本准则》等对企业会计信息核算和质量保证的基本要求。

《企业会计准则——基本准则》（财政部，2014）对企业会计的核算规则作了具体规定，并以法律的形式颁布实施。主要包括七个方面原则：

一是可靠性原则。金融控股公司应该以合同为依据，根据实际发生的金融业务交易为基础，对发生的事项进行确认、核算和报告；实事求是和完整地反映金融业务交易的会计要素和相关信息，并准确地进行计量，以保证会计信息的可靠性。

二是相关性原则。金融控股公司的投资者和研究分析者能够利用财务报告中提供的信息对金融控股公司的经营管理情况做出评定。

三是可理解性原则。金融控股公司投资者等财务报告的使用者看到的财务报告内容应当规范、明确、清晰，容易理解，不存在歧义，不容易让投资者误解，有利于投资者等方便、快捷地使用财务报告。

四是可比性原则。主要包括两个层面意思：一是同一个金融控股公司不同会计时期的财务报告中会计信息可以进行对比；二是不同的金融控股公司同一会计时期的财务报告中会计信息可以进行对比。

五是实质重于形式原则（不再详述，下同）。

六是重要性原则。

七是谨慎性原则。

八是及时性原则。

（2）上市公司信息披露等要求

本书选取的13家金融控股公司均为在中国A股或H股上市多年的金融企业。13家金融控股公司作为上市公司，需要按照《上市公司信息披露管理办法》（中国证监会，2021）明确的质量标准和格式规范，对外定期和不定期披露年度、季度的财务报告，并且在符合普通企业的会计准则的基础上，进一步提出了更高的可靠性、真实性、时效性等要求。

此外，该办法（中国证监会，2021）对上市公司在信息披露中需要履行的责任和义务进一步细化，对定期报告披露制度、对外披露报告内容的审计、披露信息的质量等进一步完善，并较大幅度地提升了因履职不到位需承担的法律责任和成本，以确保信息披露的质量。

鉴于法律、法规和中国证监会对上市金融控股公司的信

第5章 研究数据结果与分析

息披露人的义务、定期披露报告制度、年度报告审计等进行了明确规定,保证了年度报告的真实性、准确性和完整性。本书拟采用13家上市金融控股公司的年度报告进行研究分析。

5.3.2 效度分析

效度分析,主要是用来判定设计的问卷有效性和准确程度,衡量测试题目设计的合理性。IBM SPSS®统计分析软件应用功能中具有"降维"作用,可以利用此功能对模型应用中采用的原始变量开展KMO检验、Bartlett球体检验,通过以上两种类型的检验模型能够生成KMO值和Sig.值。本书主要通过KMO值和Sig.值情况来判定选取的13家金融控股公司的15个原始变量是否适合进行因子分析。

(1) KMO检验

KMO检验是一种对从全部金融控股公司样品中抽取13家样本进行适合程度检验的模型(陈希镇,2016),该模型主要是对从13家金融控股公司样本中提取的15个原始变量之间线性相关系数和部分相关系数的检验。

结合KMO检验模型中经常使用的KMO度量值的评估标准,可以将其分为四种情况:一是如果该值大于等于0.7,则表明原始变量适宜进行因子分析;二是如果该值大于0.6且小于0.7,则表明原始变量比较勉强地适合进行因子分析;三是如果该值大于0.5且小于0.6,则表明原始变量不适合进行因子分析;四是如果该值低于0.5,则表明原始变量极其不适合进行因子分析。

通过统计分析软件中的"降维"功能,对模型中的该组原始变量进行了KMO检验。表5-5为本书对原始变量的KMO和Bartlett的检验结果。

表 5-5　　　　　　　　　KMO 和 Bartlett 的检验表

类别		度量值
抽样充分性的 Kaiser-Meyer-Olkin 测量		0.712
Bartlett 的球形度检验	近似卡方	1350.517
	df	105.000
	Sig.	0.000

从表 5-5 可以看出，通过 KMO 检验模型计算得出 KMO 度量值为 0.712，该值大于 0.7。依据经常使用的 KMO 度量值的评估标准，说明该组原始变量适宜进行因子分析。

(2) Bartlett 球体检验

通过 Bartlett 球体检验，可用于检验相对应的矩阵中 13 家金融控股公司的 15 个原始变量间的相关性。

Bartlett 球体检验通过原始变量彼此之间相互关联系数矩阵作为判别相关变量不依赖程度的依据，并姑且认定相关关联系数矩阵是单位矩阵作为先决因素。如果原始变量彼此之间相关矩阵显示为单位矩阵，则表明原始变量彼此之间不存在依赖关系，也说明不能够从这组原始变量中提取到具有代表性的公共因子，因此不能对其进行因子分析。反之，则可以进行因子分析。

一般认为，假如通过 Bartlett 球体检验计算出原始变量的显著水平 p 值小于 0.05，表明原始变量彼此之间具有统计学意义，适合进行因子分析，否则，则说明原始变量之间不适合进行因子分析。其中，原始变量之间显著水平越小，越能够表明相关性的意义显著。

从统计分析软件得出的表 5-5 Bartlett 的检验结果中可以看出，15 个原始变量的近似卡方值为 1350.517，Sig. 值为 0.000。近似卡方值比较大，且 Sig. 值 < 0.05（即 p 值 < 0.05），说明原始变量的检验结果拒绝原假设，表明原始变量之间显著水平非常小，相关性的意义显著，具有统计学意

义,本样本数据适合进行因子分析。

5.3.3 原始变量的共同度检验

原始变量的共同度反映了所有公共因子对该原始变量的方差的解释程度。通常认为,假如计算出相关原始变量的共同度在0.4以上,那么此类原始变量具有统计意义;如果原始变量的共同度小于0.4,那么此类原始变量不具有统计意义,需要在研究中将其删除。

本书通过统计分析软件,采用主成分分析法,提取生成了变量共同度表,详见表5-6。从表5-6中可以看出,所选15个原始变量的共同度在0.4以上,且均高于0.596,说明具有统计意义。

表5-6　　　　　　　　变量共同度表

经营指标	原始变量	初始值	提取值
资本充足率	X_1	1	0.949
一级资本充足率	X_2	1	0.928
资产负债率(标准化后)	X_3	1	0.873
净利润(标准化后)	X_4	1	0.911
非利息收入(标准化后)	X_5	1	0.914
经济增加值回报率	X_6	1	0.938
总资产报酬率	X_7	1	0.944
净资产收益率	X_8	1	0.956
不良贷款率(标准化后)	X_9	1	0.714
营业总收入增长率	X_{10}	1	0.596
拨备覆盖率(标准化后)	X_{11}	1	0.848
贷款损失准备充足率(标准化后)	X_{12}	1	0.784
净利润同比增长率	X_{13}	1	0.794
每股收益	X_{14}	1	0.862
成本收入比(标准化后)	X_{15}	1	0.614

根据表5-6变量共同度区间情况，整理出了变量共同度区间情况表，详见表5-7。通过表5-7中可以得出，在采用的15个原始变量中，67%的原始变量共同度位居于0.8与1的区间之内，其中47%的原始变量共同度位居于0.9与1的区间之内，表明提炼出的公共因子已经基本反映了原始变量67%以上的信息，原始变量的共同度较高。15个原始变量的共同度较高，表明通过公共因子代替原始变量能够拥有较高的解释程度，本书采用此15个原始变量开展因子分析的效果也比较好。

表5-7　　　　　　　变量共同度区间情况表

共同度区间	变量数量	占比
0.590-0.700	2	13.33%
0.700-0.800	3	20.00%
0.800-0.900	3	20.00%
0.900-1	7	46.67%
合计	15	100.00%

5.4 实证分析过程

因子分析方法中起决定性作用的步骤是计算样本数据的因子载荷矩阵，统计分析软件可以提供七种提炼公共因子的软件计算方法，其中应用非常普遍的是主成分分析法。主成分分析是一种统计分析方法，它通过正交转换的方式，将一组可能具有相互关联关系的变量改变并调整为一组线性

第 5 章　研究数据结果与分析

不具有相互关联关系的变量。经过调整后的线性不具有相互关联关系的变量称为主成分（林海明，杜子芳，2013）。本书采用主成分分析法对金融控股公司的经营绩效进行研究。

5.4.1　因子提取

公共因子的方差贡献是选取的金融控股公司 15 个原始变量载荷的平方和，反映了该公共因子对原始变量的解释力。该公共因子对原始变量的解释程度，可以通过计算原始变量载荷的平方和得出。一个公共因子的方差贡献占比越大，说明其具有的影响程度越大。提取公共因子的方法主要有两种，一种是特征值准则方法，另一种是碎石图检验准则方法。

（1）特征值准则

特征值准则是在选取的金融控股公司 15 个原始变量中提炼出主成分，将其当作初始因子，并根据特征值的大小作为判断是否被提取或丢弃的标准。

其中，如果主成分的特征值大于等于 1，那么应将其作为初始因子；如果主成分的特征值小于 1，那么应该将其丢弃。提取到的单个主成分因子的方差贡献占比越大，对应因子的重要程度也不断增强。整个主成分因子的方差贡献占比的合计值通常应该超过 70%。根据因子的方差贡献占比从高到低进行排列，能够提取出重要程度高的公共因子。

本书使用统计分析软件从原始变量中提炼出因子，并计算出相关系数矩阵的特征值和贡献占比，具体详见表 5-8。

表 5-8　　　　　　　　　解释的总方差表

成份	初始特征值			提取平方和载入		
	合计	方差的%	累积%	合计	方差的%	累积%
1	5.485	36.57	36.57	5.485	36.57	36.57
2	4.608	30.72	67.29	4.608	30.72	67.29
3	1.361	9.08	76.37	1.361	9.08	76.37
4	1.172	7.82	84.19	1.172	7.82	84.19
5	0.882	5.88	90.07			
6	0.462	3.08	93.15			
7	0.351	2.34	95.49			
8	0.318	2.12	97.61			
9	0.123	0.82	98.43			
10	0.108	0.72	99.15			
11	0.052	0.35	99.50			
12	0.033	0.22	99.72			
13	0.025	0.16	99.88			
14	0.011	0.07	99.95			
15	0.008	0.05	100.00			

　　通过表 5-8 可以得出 4 个大于 1 的初始特征值，初始特征值分别为 5.485、4.608、1.361、1.172，方差贡献占比分别为 36.57%、30.72%、9.08%、7.82%，累积的方差贡献占比达到 84.19%。一般情况下，若累积的方差贡献占比达到 80%，说明提取的因子原则上能够很好地代替原始变量。本书提取的 4 个因子累积的方差贡献占比达到 84.19%，超过 80%，说明 4 个因子能够很好地解释 13 家金融控股公司样本 2014—2018 年这 5 年的经营绩效。

　　通过表 5-8 可以得知，通过统计分析软件提炼出的第一个因子的方差贡献占比为 36.57%；第二个因子方差贡献占比为 30.72%，第三个因子方差贡献占比为 9.08%，第四

第 5 章 研究数据结果与分析

个因子方差贡献占比为 7.82%。通过方差贡献占比情况，可以得出第一个因子是代表的信息量是最多的，也是解释程度最高的。经过旋转后的第一个因子至第四个因子方差贡献占比分别为 32.34%、24.73%、18.14%、8.98%，累积方差贡献占比为 84.19%，详见表 5-9。通过旋转平方和载入，将变量结构简化，有利于比较分析，可以更好地评价金融控股公司经营绩效水平。通过从 15 个原始变量中提取的 4 个因子代表，达到"降维"的目的。

表 5-9　　　　　　　　　解释的总方差

成分	旋转平方和载入		
	合计	方差的%	累积%
1	4.851	32.34	32.34
2	3.709	24.73	57.07
3	2.722	18.14	75.21
4	1.346	8.98	84.19

（2）碎石检验准则

碎石图检验（Scree Test）准则，是根据提取金融控股公司因子的先后顺序，展示出不同因子对应的特征值变化图。

碎石图能够更加直观地通过图表的方式进行展现。在碎石图中，提炼到的因子序列号即成分数，通过横轴坐标进行展示；特征值通过纵轴坐标进行展示。因子的重要程度可以通过绘制的曲线图中线段的坡度大小进行展示。从图 5-1 中能够得知，前面 4 个特征值大于 1 的点连线构成了"悬崖"，剩余 11 个特征值小于 1 的点如同"悬崖"边的"碎石"，前四个特征值的累计方差贡献占比为 84.19%。

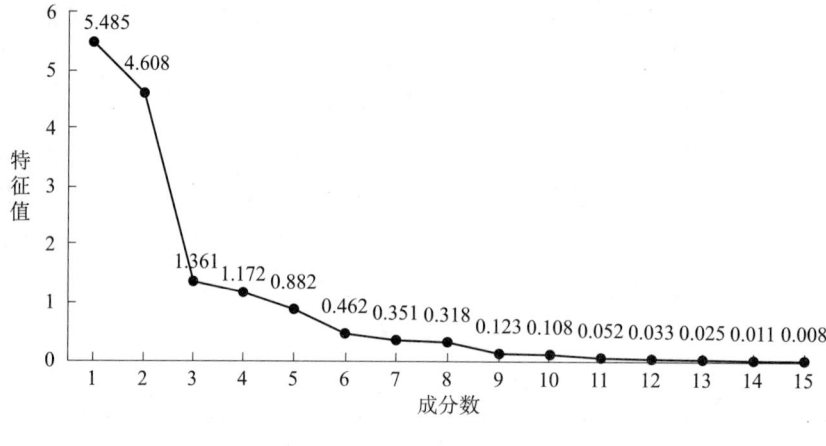

图 5-1　碎石图

5.4.2　旋转成分载荷矩阵及因子的经济意义

为了更好地分析对金融控股公司因子分析的结果，常常需要将因子载荷分解为比较容易解释的形式。

（1）旋转成分载荷矩阵

因子旋转是通过旋转因子的坐标轴，以利于转换为比较容易解释的形式。

通常使用的对公共因子进行旋转的方法主要有两种：一种是正交旋转；另一种是斜交旋转。通过正交旋转的方法能够对因子载荷阵进行简化，对原始变量的数据进行浓缩。正交旋转之后，公共因子的特征值发生了变化，但共同度未发生变化（郑家亨，1995）。

旋转法可以改变15个原始变量在各因子的载荷量，能够使因子载荷量更容易地被阐述。本书采用统计分析软件中方差的最大法正交旋转后公共因子载荷矩阵，从而能够更方便地对公共因子进行命名。详见表5-10。

第 5 章 研究数据结果与分析

表 5-10 旋转成分矩阵表

经营指标	变量	成分 1	成分 2	成分 3	成分 4
资本充足率	X_1	0.964	-0.082	0.102	0.046
一级资本充足率	X_2	0.961	-0.032	-0.011	0.066
资产负债率（标准化后）	X_3	-0.882	0.298	0.075	0.037
净利润（标准化后）	X_4	0.885	0.297	-0.197	0.029
非利息收入（标准化后）	X_5	0.91	0.183	-0.217	0.07
经济增加值回报率	X_6	-0.064	0.927	0.213	0.17
总资产报酬率	X_7	0.442	0.846	0.165	0.072
净资产收益率	X_8	-0.16	0.914	0.277	0.133
不良贷款率（标准化后）	X_9	-0.014	0.575	0.427	-0.449
营业总收入增长率	X_{10}	-0.358	0.434	0.407	-0.338
拨备覆盖率（标准化后）	X_{11}	0.088	0.311	0.86	0.067
贷款损失准备充足率（标准化后）	X_{12}	0.045	0.599	0.635	0.141
净利润同比增长率	X_{13}	-0.256	0.219	0.785	-0.255
每股收益	X_{14}	-0.402	0.093	0.601	0.575
成本收入比（标准化后）	X_{15}	0.137	0.22	-0.04	0.739

（2）公共因子的经济意义

通过统计分析软件中主成分分析法中方差的极大法旋转负荷矩阵，生成的旋转成份矩阵表（见表 5-10）可以看出，15 个原始变量分别在 4 个因子上有较高的载荷量。

①公共因子 F_1。资本充足率 X_1、一级资本充足率 X_2、资产负债率 X_3、净利润 X_4、非利息收入 X_5 等 5 个原始变量对第一个公共因子 F_1 的载荷比较高，分别为 0.964、0.961、-0.882、0.885、0.910。

其中，资本充足率 X_1 反映了一家金融控股公司假如经营不善，导致债权人的资产出现亏损时，利用自身拥有的资本金弥补亏损缺口的实力；资本充足率 X_1 在公共因子 F_1 中有最高的载荷量。一级资本充足率 X_2 反映了核心资本承担风险加权资产损失的能力；资产负债率 X_3 是用于检查金融控股公司的财务状况的稳健性，也反映了金融控股公司利用债务人的资金开展业务筹划和运营的能力。资本充足率 X_1、一级资本充足率 X_2、资产负债率 X_3 等三个原始变量反映了金融控股公司的偿付能力。

净利润 X_4 反映了在一定经营期间内最终实现的受益成果情况；非利息收入 X_5 反映的是金融控股公司营业收入中扣除存款和贷款等利差以外产生的收入情况，代表着商业银行的轻型化运营能力，是转型发展的重要战略选择。净利润 X_4、非利息收入 X_5 等在一定程度上反映了金融控股公司的盈利能力。金融控股公司主要是经营风险的，需要充足的资本作为经营发展支撑。风险抵补类指标是金融控股公司采用量化的标准，判断如果经营不善，导致资产出现亏损时，利用自身的盈利、资本金等弥补亏损缺口的实力，包括盈利能力、资本充足率情况等（中国银监会，2006）。目前，国内银行在内生性融资方面，主要是依靠从每年净利润中提取收益累计的方式，增补核心资本（盛松成，2013）。净利润 X_4、非利息收入 X_5 等高低与资本充足率 X_1、一级资本充足率 X_2、资产负债率 X_3 等偿付能力紧密相联。

公共因子 F_1 称为"偿付能力因子"。该因子能够反映所有样本数据中 36.570% 的信息，该成分能够较大程度的说明金融控股公司抵补风险损失的能力。公共因子 F_1 得分越高，金融控股公司抵补风险损失的能力越强；公共因子 F_1 得分越低，金融控股公司抵补风险损失的能力越弱。

②公共因子 F_2。经济增加值回报率 X_6、总资产报酬率 X_7、净资产收益率 X_8、不良贷款比例 X_9、营业收入增长率

第 5 章　研究数据结果与分析

X_{10} 等 5 个原始变量在第二个公共因子 F_2 上有较高的载荷量，分别为 0.927、0.846、0.914、0.575、0.434。

其中，经济增加值回报率 X_6 反映了金融控股公司资本创造价值能力，该变量在公共因子 F_2 中有最高的载荷量。总资产报酬率 X_7 反映了金融控股公司利用全部的资产获取收益的能力；净资产收益率 X_8 说明了股东所投资的资金获取净利润的能力；营业收入增长率 X_{10} 反映了金融控股公司营业收入发展情况，预计营业收入的未来发展趋势。

不良贷款率 X_9 说明了作为盈利主要来源的信贷资产的质量状况，其质量状况决定着金融控股公司的盈利能力。国内商业银行的利润重要的一部分去处是用于不良贷款计提资产减值损失准备，以丰补歉，对将来可能发生的不良贷款增加和宏观经济周期性变化带来的不确定性进行提前应对（盛松成，2013），所以不良贷款率等指标与盈利息息相关。

经济增加值回报率、总资产报酬率、净资产收益率、不良贷款比例、营业收入增长率等 5 个原始变量主要是反映了一家金融控股公司的盈利能力情况。因此，将公共因子 F_2 称为"盈利能力因子"。其能够反映所有样本数据中 30.723% 的信息。公共因子 F_2 得分越高，金融控股公司盈利能力越强；公共因子 F_2 得分越低，金融控股公司盈利能力越弱。

③公共因子 F_3。拨备覆盖率 X_{11}、贷款损失准备充足率 X_{12}、净利润增长率 X_{13}、每股收益 X_{14} 等 4 个原始变量对第三个公共因子 F_3 的载荷比较高，分别为 0.860、0.635、0.785、0.601。

其中，拨备覆盖率 X_{11} 反映了金融控股公司计提的贷款损失准备金充足程度，如果计提拨备覆盖率充足，则资产质量风险在可控范围内；该变量在公共因子 F_3 中有最高的载荷量。贷款损失准备充足率 X_{12} 反映了金融控股公司的贷款实际计提准备与应提准备之比。

净利润增长率 X_{13} 反映了金融控股公司盈利增长情况和预计未来盈利的趋势。每股收益 X_{14} 说明了上市的金融控股公司每股普通股获得盈利水平，反映了普通股在一定经营期间内获取盈利的能力和投资对应的风险水平。国内商业银行的利润与贷款资产质量息息相关，资产质量直接侵蚀利润；贷款资产质量问题计提的资产减值损失准备直接扣减利润，对利润影响较大。

公共因子 F_3 称为"资产质量因子"。第三个公共因子能够反映所有样本数据中 9.076% 的信息，该成分能够较大程度的说明金融控股公司的资产质量情况。公共因子 F_3 得分越高，金融控股公司的资产质量状况越好；公共因子 F_3 得分越低，金融控股公司的资产质量状况越差。

④公共因子 F_4。成本收入比 X_{15} 等原始变量对第四个公共因子 F_4 的载荷比较高，为 0.739。成本收入比 X_{15} 反映了金融控股公司每单位获取的营业收入需要支出的营业费用金额。随着国内经济增长速度逐渐下降，贷款和存款等利率市场化改革推进加快，企业上市注册制改革、信用债发行等资本市场变革步伐加快，金融机构特别是商业银行间的竞争更加激烈，成本增加，金融控股公司成本管理的重要性更加凸显（陈侃，2012）。

公共因子 F_4 称为"成本管控因子"。第四个因子能够说明 7.817% 的样本中的数据信息，该成分能够较大程度的说明金融控股公司的成本管理能力和水平。公共因子 F_4 得分越高，金融控股公司成本管控能力越好；公共因子 F_4 得分越低，金融控股公司成本管控能力越弱。

通过以上对四个公共因子的分析和经济学意义的解释，

第5章 研究数据结果与分析

可以看出公共因子 F_1、公共因子 F_2、公共因子 F_3、公共因子 F_4 等四个公共因子已基本涵盖了金融控股公司的偿付能力状况、盈利能力状况、资产质量状况、成本管控能力状况等经营绩效评价中的主要内容，体现了实施金融控股公司评价地全面性、重要性、层次性、可操作性等原则，符合经营管理中的安全性、流动性、盈利性等"三性原则"，也体现了财务信息和非财务信息评价相结合地进行经营绩效评价的原则。以上四个因子对15个指标信息反映的累计比例达到84.19%，具有较高的可信度。

从通过因子旋转生成的旋转成分载荷矩阵，说明四个公共因子与15个原始变量可以分别建立4个线性函数关系，且线性函数之间是保持独立的。通过统计分析软件生成正交旋转后的转换矩阵表（见表5-11）。

表 5-11　　　　　　　转换矩阵表

成分	1	2	3	4
1	-0.662	0.522	0.538	-0.009
2	0.720	0.627	0.280	0.097
3	-0.161	0.236	-0.414	0.864
4	0.129	-0.528	0.679	0.494

根据表5-11中列示的经正交旋转后的转换矩阵，由公共因子 F_1、公共因子 F_2、公共因子 F_3、公共因子 F_4 等四个公共因子可以列明经正交旋转后的因子变量 A_1、A_2、A_3、A_4 的表达式。具体如下：

$$A_1 = -0.662F_1 + 0.522F_2 + 0.538F_3 - 0.009F_4 \quad (5-1)$$

$$A_2 = 0.720F_1 + 0.627F_2 + 0.280F_3 + 0.097F_4 \quad (5-2)$$

$$A_3 = -0.161F_1 + 0.236F_2 - 0.414F_3 + 0.864F_4 \quad (5-3)$$

$$A_4 = 0.1290F_1 - 0.528F_2 + 0.679F_3 + 0.494F_4 \quad (5-4)$$

5.4.3 公共因子得分系数矩阵

在前文开展因子提取、旋转成分载荷矩阵基础上,建立因子分析模型后,还需对 13 家金融控股公司进行综合评价,在此基础上可以对原始数据进一步开展分析。

通过采用特征值准则方法提取的四个公共因子,能够分别说明 15 个原始变量之间线性组合的关系,并用因子得分函数进行表示。比如,公共因子 F 与原始变量 x 之间的因子得分函数如下,

$$F_j = a_{j1} x_1 + a_{j2} x_2 + \cdots + a_{jp} x_p \quad (5-5)$$
$$j = 1, 2, \cdots, m \quad (5-6)$$

13 家金融控股公司的 4 个公共因子的得分情况可以通过因子得分函数进行计算。得分函数中的系数来源于成分得分系数矩阵表,可以通过统计分析软件中因子分析功能生成,详见表 5-12。

表 5-12　　　　　　　成分得分系数矩阵表

经营指标	变量	成分			
		1	2	3	4
资本充足率	X_1	0.231	-0.115	0.184	0.012
一级资本充足率	X_2	0.215	-0.063	0.103	0.021
资产负债率(标准化后)	X_3	-0.208	0.144	-0.131	0.041
净利润(标准化后)	X_4	0.164	0.133	-0.11	-0.029
非利息收入(标准化后)	X_5	0.172	0.088	-0.085	0.007
经济增加值回报率	X_6	-0.045	0.315	-0.143	0.082
总资产报酬率	X_7	0.071	0.276	-0.1	-0.005
净资产收益率	X_8	-0.059	0.298	-0.113	0.059
不良贷款率(标准化后)	X_9	0.026	0.142	0.072	-0.362
营业总收入增长率	X_{10}	-0.05	0.101	0.068	-0.259

第 5 章 研究数据结果与分析

续表

经营指标	变量	成分 1	成分 2	成分 3	成分 4
拨备覆盖率（标准化后）	X_{11}	0.09	-0.128	0.428	0.053
贷款损失准备充足率（标准化后）	X_{12}	0.04	0.054	0.21	0.088
净利润同比增长率	X_{13}	0.02	-0.107	0.366	-0.176
每股收益	X_{14}	-0.052	-0.149	0.302	0.46
成本收入比（标准化后）	X_{15}	-0.008	0.051	-0.052	0.542

依照表 5 - 12 中所列示的成份得分系数矩阵，可以建立四个因子的评分模型，计算公式如下：

$$F_1 = 0.231 x_1 + 0.215 x_2 - 0.208 x_3 + 0.164 x_4 + 0.172 x_5 \\ - 0.045 x_6 + 0.071 x_7 - 0.059 x_8 + 0.026 x_9 - 0.050 x_{10} \\ + 0.090 x_{11} + 0.040 x_{12} + 0.020 x_{13} - 0.052 x_{14} - 0.008 x_{15}$$
(5 - 7)

$$F_2 = -0.115 x_1 - 0.063 x_2 + 0.144 x_3 + 0.133 x_4 + 0.088 x_5 \\ + 0.315 x_6 + 0.276 x_7 + 0.298 x_8 + 0.142 x_9 + 0.101 x_{10} \\ - 0.128 x_{11} + 0.054 x_{12} - 0.107 x_{13} - 0.149 x_{14} + 0.051 x_{15}$$
(5 - 8)

$$F_3 = 0.184 x_1 + 0.103 x_2 - 0.131 x_3 - 0.110 x_4 + 0.085 x_5 \\ - 0.143 x_6 - 0.100 x_7 - 0.113 x_8 + 0.072 x_9 + 0.068 x_{10} \\ + 0.428 x_{11} + 0.210 x_{12} + 0.366 x_{13} + 0.302 x_{14} - 0.052 x_{15}$$
(5 - 9)

$$F_4 = 0.012 x_1 + 0.021 x_2 + 0.041 x_3 - 0.029 x_4 + 0.007 x_5 \\ + 0.082 x_6 - 0.005 x_7 + 0.059 x_8 - 0.362 x_9 - 0.259 x_{10} \\ + 0.053 x_{11} + 0.088 x_{12} - 0.176 x_{13} + 0.460 x_{14} + 0.542 x_{15}$$
(5 - 10)

通过统计分析软件生成了成分得分协方差矩阵表，详见表 5 - 13。从成分得分协方差矩阵表中可以得知，F_1、F_2、

F_3、F_4 四个公共因子之间的关系不是线性和相互依存的，是相互独立的，也表明提取到的主因子信息不重叠，可以实现因子分析的目标。

表 5-13　　　　　　　　　成分得分协方差矩阵

成分	1	2	3	4
1	1.000	0.000	0.000	0.000
2	0.000	1.000	0.000	0.000
3	0.000	0.000	1.000	0.000
4	0.000	0.000	0.000	1.000

5.4.4　公共因子得分

当公共因子的得分系数矩阵确定后，可以利用因子评分模型得出的因子得分函数，分别计算 13 家金融控股公司的因子得分。通过四个公共因子变量来替代 15 个原始变量进行建模分析，从而对 13 家金融控股公司进行经营绩效评价研究，达到进一步实现简化的目的。通过分析软件计算出了 2014—2018 年 4 个公共因子得分表（见表 5-14 至表 5-17）。

表 5-14　　　　金融控股公司偿付能力因子 F_1 得分（按年份）

序号	单位	2014 年		2015 年		2016 年		2017 年		2018 年	
		得分	排名	得分	排名	得分	排名	得分	排名	得分	排名
1	A 银行	6.5404	3	6.8161	3	7.3039	3	7.2053	3	7.4342	3
2	B 银行	4.9159	5	5.1609	5	5.6606	5	5.8135	7	6.7747	5
3	C 银行	6.9096	1	7.3017	1	7.637	1	7.4512	2	7.8655	2
4	D 银行	6.7124	2	6.873	2	7.3074	2	7.7774	1	8.5451	1
5	E 银行	6.1815	4	5.6162	4	6.5443	4	6.508	5	6.432	6

第5章 研究数据结果与分析

续表

序号	单位	2014年		2015年		2016年		2017年		2018年	
		得分	排名	得分	排名	得分	排名	得分	排名	得分	排名
6	F银行	4.0787	9	4.0159	6	4.6065	7	5.0248	9	5.2026	9
7	G银行	4.028	10	4.0119	7	4.4009	9	5.9766	6	4.8717	10
8	H银行	3.4607	13	3.0643	13	4.0906	11	4.7822	11	4.4546	12
9	I银行	4.5681	6	3.9813	8	5.2288	6	6.8078	4	7.1561	4
10	J银行	4.2545	7	3.1485	12	4.3731	10	5.5909	8	4.6978	11
11	K银行	4.0787	8	3.7098	10	3.7899	13	4.4216	13	5.5634	7
12	L银行	3.6412	11	3.8605	9	4.4221	8	5.0035	10	4.4087	13
13	M银行	3.6333	12	3.5704	11	3.9887	12	4.5256	12	5.2362	8

表5-15 金融控股公司盈利能力因子F_2得分（按年份）

序号	单位	2014年		2015年		2016年		2017年		2018年	
		得分	排名	得分	排名	得分	排名	得分	排名	得分	排名
1	A银行	18.5462	11	15.2497	11	13.8011	7	13.5559	3	13.4168	6
2	B银行	17.4286	12	12.6369	13	10.9674	13	13.1772	4	13.7317	5
3	C银行	21.2921	4	16.578	7	14.0736	4	14.7	1	14.1806	3
4	D银行	20.3731	8	16.2066	9	15.0007	1	14.3243	2	13.9995	4
5	E银行	16.3059	13	14.4829	12	12.3707	12	12.0431	9	12.6515	9
6	F银行	18.7689	10	16.8257	5	12.9157	11	11.7215	11	11.0169	12
7	G银行	19.9229	9	15.9244	10	13.5726	8	11.6038	12	13.4038	7
8	H银行	20.8481	7	17.2491	3	13.1169	10	11.2876	13	11.6582	10
9	I银行	21.9496	2	16.9218	4	13.1761	9	13.0208	5	15.0558	1
10	J银行	21.2586	5	18.7763	1	14.6139	2	12.4187	7	14.3692	2
11	K银行	22.4003	1	17.3852	2	14.0167	5	11.8045	10	11.1195	11
12	L银行	21.9423	3	16.6269	6	13.8629	6	12.1654	8	13.3559	8
13	M银行	21.1362	6	16.4876	8	14.2804	3	12.5613	6	10.823	13

表 5 – 16　　　金融控股公司资产质量因子 F_3 得分（按年份）

序号	单位	2014 年		2015 年		2016 年		2017 年		2018 年	
		得分	排名	得分	排名	得分	排名	得分	排名	得分	排名
1	A 银行	10.3116	6	6.1442	10	6.8318	3	6.0341	9	8.2784	7
2	B 银行	9.1667	10	3.5745	13	3.4447	13	7.0975	5	9.4144	4
3	C 银行	9.1099	11	5.5444	11	4.5143	12	6.8057	7	7.815	10
4	D 银行	9.598	8	5.2427	12	5.5291	8	7.8512	2	9.4177	3
5	E 银行	9.3929	9	6.6479	5	6.4043	6	7.8259	3	8.8999	6
6	F 银行	8.4994	12	6.58	6	5.2214	11	6.4201	8	7.6796	11
7	G 银行	10.0429	7	6.561	7	5.4387	9	6.9352	6	9.7087	2
8	H 银行	20.915	1	10.7795	1	6.6761	4	5.6248	10	8.2293	8
9	I 银行	12.1058	5	7.4662	4	7.5412	2	12.3582	1	15.613	1
10	J 银行	13.196	4	9.0462	3	7.798	1	7.3237	4	9.2408	5
11	K 银行	14.4132	2	9.2288	2	6.3823	7	4.6473	13	5.9902	12
12	L 银行	8.418	13	6.1509	9	5.38	10	5.4059	11	4.3729	13
13	M 银行	13.9789	3	6.4859	8	6.6621	5	5.3034	12	7.9757	9

表 5 – 17　　　金融控股公司成本管控因子 F_4 得分（按年份）

序号	单位	2014 年		2015 年		2016 年		2017 年		2018 年	
		得分	排名	得分	排名	得分	排名	得分	排名	得分	排名
1	A 银行	10.3116	6	6.1442	10	6.8318	3	6.0341	9	8.2784	7
2	B 银行	9.1667	10	3.5745	13	3.4447	13	7.0975	5	9.4144	4
3	C 银行	9.1099	11	5.5444	11	4.5143	12	6.8057	7	7.815	10
4	D 银行	9.598	8	5.2427	12	5.5291	8	7.8512	2	9.4177	3
5	E 银行	9.3929	9	6.6479	5	6.4043	6	7.8259	3	8.8999	6
6	F 银行	8.4994	12	6.58	6	5.2214	11	6.4201	8	7.6796	11
7	G 银行	10.0429	7	6.561	7	5.4387	9	6.9352	6	9.7087	2
8	H 银行	20.915	1	10.7795	1	6.6761	4	5.6248	10	8.2293	8

第5章 研究数据结果与分析

续表

序号	单位	2014年		2015年		2016年		2017年		2018年	
		得分	排名	得分	排名	得分	排名	得分	排名	得分	排名
9	I银行	12.1058	5	7.4662	4	7.5412	2	12.3582	1	15.613	1
10	J银行	13.196	4	9.0462	3	7.798	1	7.3237	4	9.2408	5
11	K银行	14.4132	2	9.2288	2	6.3823	7	4.6473	13	5.9902	12
12	L银行	8.418	13	6.1509	9	5.38	10	5.4059	11	4.3729	13
13	M银行	13.9789	3	6.4859	8	6.6621	5	5.3034	12	7.9757	9

5.4.5 综合得分排名

通过因子评分模型计算出各因子的得分后，为了便于对金融控股公司的综合经营绩效情况进行评价分析，可以计算金融控股公司综合经营绩效得分。金融控股公司的综合评分模型是采用因子的初始特征值方差的贡献占比当作权重，推算出因子得分的加权合计值，计算公式如下：

$$F = (36.570 F_1 + 30.723 F_2 + 9.076 F_3 + 7.817 F_4) \div 84.186 \qquad (5-11)$$

四个因子权重分别为 36.570%、30.723%、9.076%、7.817%。

其中，偿付能力因子 F_1 反映了经营管理的"三性原则"中的"流动性"原则，权重为 36.570%。"流动性"原则说明了金融控股公司的偿付能力，是否可以满足客户的存款提取和贷款支取需求等情况；"流动性"原则是"盈利性"原则的基础。

资产质量因子 F_3 反映了经营管理的"三性原则"中的"安全性"原则，权重为 9.076%。"安全性"原则说明了金融控股公司的稳健运行情况。金融控股公司作为金融机构，本身就是经营风险的，需要对风险进行管控，需要避免各种不确定因素对其日常运营产生影响，保证稳健运行。

盈利能力因子 F_2 和成本管控因子 F_4 均反映了经营管理的"三性原则"中的"盈利性"原则，合计权重为38.54%。"盈利性"原则在金融控股公司经营管理中占有核心地位。"盈利性"说明了金融控股公司通过开展业务经营活动，做好成本管控，获得利润的情况（程婵娟，周好文，2012）。盈利能力因子 F_2 和成本管控因子 F_4 合计权重在"三性原则"中权重占比（38.54%）最高，高于偿付能力因子 F_1（代表"流动性"原则）的权重1.97个百分点，高于资产质量因子 F_3（代表"安全性"原则）的权重29.464个百分点。

金融控股公司净利润的计算公式为营业收入减去成本支出。盈利能力因子 F_2 包括经济增加值回报率 X_6 等5个原始变量，没有包括成本收入比 X_{15} 等，将其单独列示为成本管控因子 F_4。成本管控是金融控股公司财务管理的重要内容，是实现盈利目标的重要基础。一是金融控股公司过高的成本会导致资金对外运用的价格提高，在金融行业市场竞争中可能会失去价格竞争的优势，降低盈利能力；特别是伴随着近年利率市场化改革的加快推进，金融控股公司特别是商业银行的成本加快上升，能否对成本进行合理管理和控制成为制约盈利能力的主要方面。二是金融控股公司通过新建、并购等方式获取金融牌照，开展综合化经营，将拥有较多的财务成本支出，特别是筹建和前期运营阶段将有较大的成本投入。所以，金融控股公司应该更加重视对成本进行精细化地管理和严格的控制，并将成本管控作为单独公共因子列示。

通过综合评分模型计算得出各金融控股公司样本的2014—2018年这5年每年的经营绩效得分见表5-18和图5-2。

第5章 研究数据结果与分析

表 5-18 金融控股公司经营绩效得分（按年份）

序号	单位	2014 年 得分	排名	2015 年 得分	排名	2016 年 得分	排名	2017 年 得分	排名	2018 年 得分	排名
1	A 银行	7.7916	6	7.0368	3	6.8535	3	6.6937	4	6.7744	5
2	B 银行	7.2399	9	6.0846	11	5.8293	8	6.3311	5	6.82	4
3	C 银行	8.8166	1	7.804	1	7.2789	2	7.2892	2	7.3583	3
4	D 银行	8.5699	2	7.5643	2	7.3619	1	7.4036	1	7.6669	2
5	E 银行	7.0036	11	6.2879	8	6.1116	6	5.9955	7	6.1193	7
6	F 银行	6.7738	13	6.188	13	5.4631	12	5.3632	12	5.2795	11
7	G 银行	7.0108	10	6.0335	12	5.6004	11	5.7325	8	5.6466	9
8	H 银行	6.9569	12	5.9081	13	5.3617	13	5.1354	13	5.106	13
9	I 银行	7.9886	4	6.5884	6	6.3265	5	7.063	3	7.7639	1
10	J 银行	7.9223	5	6.7456	4	6.3852	4	6.242	6	6.1696	6
11	K 银行	8.0628	3	6.7441	5	5.8174	9	5.4034	11	5.6678	8
12	L 银行	7.536	7	6.2879	7	5.8389	7	5.6636	9	5.4764	10
13	M 银行	7.3444	8	6.1794	10	5.7251	10	5.435	10	5.276	12

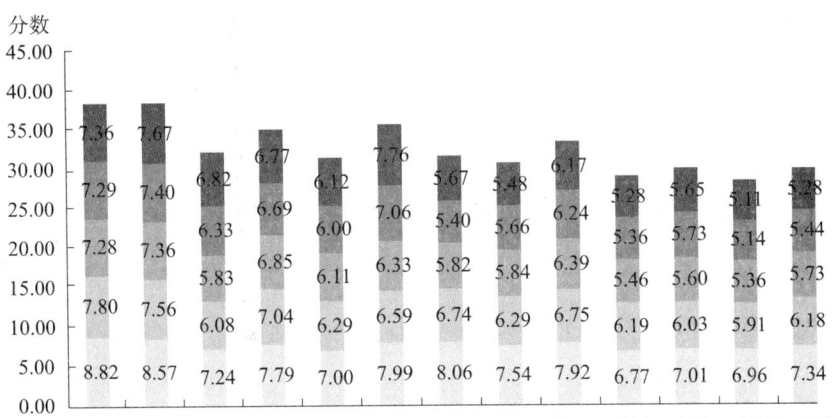

图 5-2 金融控股公司经营绩效得分（按年份）

计算得出了 13 家金融控股公司的 2014—2018 年这 5 年

平均的经营绩效得分表,按照综合得分排名进行排序,见表 5-19。

表 5-19　金融控股公司经营绩效平均得分(按年份)表

序号	单位	F_1得分	F_2得分	F_3得分	F_4得分	综合得分	综合得分排名
1	D银行	7.4431	15.9808	7.5277	-22.6789	7.7133	1
2	C银行	7.433	16.1649	6.7578	-22.5037	7.7094	2
3	B银行	5.5484	16.0248	11.0169	-24.1938	7.1461	3
4	I银行	7.06	14.9139	7.52	-24.0988	7.03	4
5	L银行	4.413	16.2873	9.3209	-22.8611	6.693	5
6	A银行	5.6651	13.5883	6.5396	-17.3987	6.461	6
7	E银行	4.3127	15.3452	8.1323	-21.1487	6.3391	7
8	J银行	6.2564	13.5708	7.8342	-23.3071	6.3036	8
9	K银行	4.2672	15.5907	5.9455	-21.299	6.1605	9
10	M银行	4.6578	14.8855	7.7373	-24.1251	6.0048	10
11	H银行	4.1908	15.0577	8.0812	-23.1556	5.992	11
12	G银行	4.5857	14.2497	6.8801	-22.3688	5.8135	12
13	F银行	3.9705	14.832	10.445	-27.2193	5.6936	13

5.5　实证结果的验证

为了验证上述金融控股公司的因子分析结果的准确性,本书通过 IBM SPSS® 统计分析软件对 13 家金融控股公司经营指标数据进行聚类分析。

5.5.1　聚类分析方法介绍

聚类分析是根据样本或变量的指标数据,将 13 家金融控股公司样本进行分类,并把具有较多相似性的经营指标数据的样品聚合归为一类,便于做分析的统计方法。经过聚类分析后,同类样本比其他类样本更具有相似性(刘雪娇,2015)。

依据分类主体的不同,可以将聚类分析分为两种方法:第一种方法是样品聚类,即 Q 聚类;第二种方法是变量聚类即 R 聚类。本书采用样品聚类,即将 13 家金融控股公司的数据按照共同特点进行归类,将其归纳为不同的类别,并进行分析。

样品聚类(Q 聚类)主要是测量 13 家金融控股公司的亲疏程度。测量亲疏程度的方法有两种:一种是根据 13 家金融控股公司中每个金融控股公司经营指标数据之间的依赖程度高低进行计算;另一种是先将 13 家金融控股公司按照某种属性划归为几个小的类别,再对不同类别之间的依赖程度进行测算。具体衡量依赖程度的主要指标是金融控股公司经营指标数据之间的距离和相关系数。本书选用第一种方法进行测算。通过统计分析软件中的聚类分析功能对金融控股公司的数据进行样品聚类(Q 聚类),统计分析软件中有多种方法可以测量金融控股公司之间的亲疏程度,主要根据相关数据类型情况确定。

根据 13 家金融控股公司数据类型情况,本书采用统计分析软件中"欧式距离"(Euclidean Distance)功能对金融控股公司之间的距离进行测算。聚类过程中,将距离相近的金融控股公司归纳为一个类别,距离较远的金融控股公司归纳为其他的类别。欧式距离是指对 13 家金融控股公司中相关原始变量数据的差额,计算步骤为先进行平方和,再进行平方根,计算公式为:

$$EUCLID = \sqrt{\sum_{i=1}^{k}(x_i - y_i)^2} \qquad (5-12)$$

在实施聚类分析的过程中，通过统计分析软件，计算样本和子类之间、子类和子类之间的紧密联系程度。统计分析软件中拥有多种测量紧密程度的分析方法，本书采用离差平方和法进行测算。离差平方和法是在聚类分析运算过程中，将两个距离最小的小类别合并成为一个类别，其中判断距离最小的标准为金融控股公司之间欧式距离合计的平方和最小的增加值。

5.5.2 采用的评价指标和样本数据

聚类分析中采用的评价指标和样本数据如下。

（1）评价指标

本验证方法选用13家银行类金融控股公司2018年的年度财务会计报告等作为研究对象。样本数据来源于13家上市的金融控股公司按照证监会要求披露的财务会计报告、上市公司年度报告等。

本验证方法采用的金融控股公司数据包括盈利能力、经营增长、偿付能力、资产质量、经营管理等5类15项经营指标。本节聚类分析采用的2018年金融控股公司经营指标和数值与上文中因子分析采用的经营指标和数值一致。

（2）样本数据的处理

聚类分析中变量的量纲差异对聚类分析的结果影响较大，在聚类分析的过程中需要对变量进行正向化和标准化地处理，以免导致聚类分析的结果不准确，以便将聚类分析的结果与因子分析的结果进行对比。

为方便比较分析，15个经营指标可以分为正向指标、逆向指标、适度指标等三个类别。其中，根据经营指标变动方向趋势的不同，需要对逆向指标和适度指标开展同一方向处理。

第5章 研究数据结果与分析

在对15个变量的原始数据值进行正向化处理基础上，再进行标准化处理。变量的原始数据值的处理方法见表5－20。为便于对因子分析法的结果进行验证，本节聚类分析采用的经标准化处理后的2018年金融控股公司经营指标数据与上文中因子分析采用的经营指标数据一致。

表5－20　　　聚类分析经营评价指标体系表

序号	分类	经营指标	变量	指标性质	标准化处理
1	盈利能力状况	总资产报酬率	X_1	正向指标	—
2		净资产收益率	X_2	正向指标	—
3		净利润	X_3	正向指标	是
4		非利息收入	X_4	正向指标	是
5	经营增长状况	经济增加值回报率	X_5	正向指标	—
6		营业收入增长率	X_6	正向指标	—
7		净利润增长率	X_7	正向指标	—
8	偿付能力状况	资本充足率	X_8	正向指标	—
9		一级资本充足率	X_9	正向指标	—
10		资产负债率	X_{10}	适度指标	—
11	资产质量状况	拨备覆盖率	X_{11}	正向指标	是
12		贷款损失准备充足率	X_{12}	正向指标	是
13		不良率	X_{13}	逆向指标	—
14	经营管理状况	成本收入比	X_{14}	逆向指标	—
15		每股收益	X_{15}	正向指标	—

5.5.3　聚类分析结果

通过统计软件开展聚类分析，具体情况如下。

（1）分类结果

本书通过IBM SPSS®统计分析软件对2018年金融控股公司数据进行Q聚类分析，在选用离差平方和法基础上，采用欧式距离进行分析。聚类结果如图5－3。

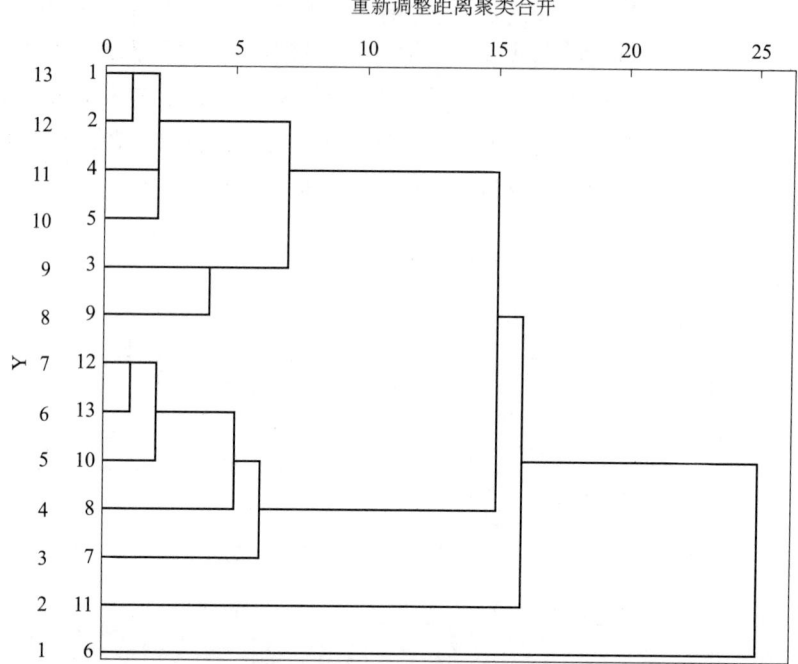

图 5-3　2018 年金融控股公司绩效数据聚类分析结果

根据图 5-3，可将 13 家金融控股公司聚类分析结果分为 2 类、3 类和 4 类，按照分类结果排序，经过整理形成 2018 年金融控股公司的绩效数据聚类分析结果表（见表 5-21）。

表 5-21　2018 年金融控股公司绩效数据聚类分析结果

序号	单位	分 2 类	分 3 类	分 4 类
1	I 银行	1	1	1
2	G 银行	2	2	2
3	D 银行	2	3	3
4	C 银行	2	3	3
5	B 银行	2	3	3
6	A 银行	2	3	3
7	J 银行	2	3	3

第 5 章 研究数据结果与分析

续表

序号	单位	分 2 类	分 3 类	分 4 类
8	E 银行	2	3	3
9	K 银行	2	3	4
10	L 银行	2	3	4
11	F 银行	2	3	4
12	M 银行	2	3	4
13	H 银行	2	3	

根据 2018 年金融控股公司绩效数据聚类分析结果表（表 5-21），将 13 家金融控股公司经营招标数据的聚类分析生成的结果分三种情况。

一是若分成 2 类。I 银行为第一类，其他为第二类。

二是若分成 3 类。I 银行为第一类，G 银行为第二类，其他为第三类。

三是若分成 4 类。I 银行为第一类，G 银行为第二类，D 银行、C 银行、B 银行、A 银行、J 银行、E 银行等 6 家银行为第三类，其他为第四类。

（2）聚类分析法和因子分析法结果对比

通过对比 2018 年金融控股公司经营绩效得分表（见表 5-18）和 2018 年金融控股公司经营绩效数据聚类分析结果表（见表 5-21），可以看出，2018 年 13 家金融控股公司经营绩效数据的聚类分析法的结果分类与通过因子分析方法计算的经营绩效得分排名非常类似。按照聚类分析法的分类结果对金融控股公司进行排序，两种方法结果对比表见表 5-22。

表 5-22 2018 年金融控股公司经营绩效聚类分析和因子分析结果对比表

序号	单位	聚类分析分类			因子分析综合得分排名
		分 2 类	分 3 类	分 4 类	
1	I 银行	1	1	1	1
2	G 银行	2	2	2	9

续表

序号	单位	聚类分析分类			因子分析综合得分排名
		分2类	分3类	分4类	
3	D银行	2	3	3	2
4	C银行	2	3	3	3
5	B银行	2	3	3	4
6	A银行	2	3	3	5
7	J银行	2	3	3	6
8	E银行	2	3	3	7
9	K银行	2	3	4	8
10	L银行	2	3	4	10
11	F银行	2	3	4	11
12	M银行	2	3	4	12
13	H银行	2	3	4	13

根据表5-22可以看出：

一是若将聚类分析结果分成2类。通过比较，聚类分析分类结果与因子分析计算的经营绩效得分排名一致。

二是若将聚类分析结果分成3类。通过聚类分析结果得出，第一类包括I银行，第二类包括G银行，第三类包括D银行等11家金融控股公司。通过比较聚类分析的结果和因子分析计算得出的经营绩效得分排名发现，两者相似程度非常高。一是I银行在聚类分析结果中属于第一类，在因子分析结果中排名第1，两者一致；二是D银行等11家金融控股公司行在聚类分析结果中属于第三类，在因子分析结果排名中位居第2名至第13名，两者相似度也一致。三是G银行在聚类分析结果中属于第二类，在因子分析结果中排名第9，两者相似度有一些差异。综上所述，聚类分析的分类结果和因子分析得分排名一致率为92.30%，相似程度非常高。

三是若将聚类分析结果分成4类。通过聚类分析结果得出，第一类包括I银行，第二类包括G银行，第三类包括D

银行等6家金融控股公司，第四类包括K银行等5家金融控股公司。通过比较聚类分析法的结果和因子分析法计算得出的经营绩效得分排名发现，两者相似程度仍然非常高。一是I银行在聚类分析法和因子分析法结果中一致。二是D银行等6家金融控股公司在聚类分析结果中属于第三类，在因子分析法结果排名中位居第2至第7名，两者相似度也一致。三是K银行等5家金融控股公司在聚类分析法的结果中属于第四类，在因子分析结果排名中位居第8至第13名，两者相似度也一致。四是G银行在聚类分析法的结果中属于第二类，在因子分析法的结果中排名第9，两者相似度有一些差异。综上所述，聚类分析法的分类结果和因子分析法的得分排名一致率为92.30%，相似程度也非常高。

本书对金融控股公司经营绩效聚类分析法的结果与因子分析法的得分排名结果差异原因进行分析。将聚类分析法的结果分成3类和4类时，与因子分析法计算的经营绩效得分排名不一致的主要是第二类（G银行）。差异的主要原因：

①计算方法不同。虽然聚类分析法和因子分析法都是将变量"降维"得出结果的统计方法，但两种方法计算方法不同。聚类分析法是根据13家金融控股公司15个原始变量的实际值，定量地计算相互间的亲疏程度，并根据变量的相似程度将13家金融控股公司归入不同的类别，以便反映金融控股公司间的内在必然联系。因子分析法是将13家金融控股公司的15个原始变量浓缩为少数的公共因子，公共因子综合反映原始变量的主要信息，通过计算因子得分对金融控股公司进行评价。聚类分析法和因子分析法的具体计算方法的差异也造成了不同方法计算经营绩效评价结果的差异。

②I银行和G银行的相似程度较高。

首先，I银行和G银行的股东背景一样。I银行和G银行的A股均在上海证券交易所挂牌上市，主要股东分别为I

集团和G集团（I银行和G银行，2018）。I集团和G集团均为横跨实业与金融、海内与海外的大型综合化集团。其他银行的主要股东基本为财政部。

其次，I银行和G银行都是经营范围为全国的股份制商业银行，且在境外设立了分支机构。

再次，I银行和G银行持有类似的专业性金融机构。I银行和G银行均控股了较多的不同牌照的专业性金融机构，包括银行、证券、保险、基金、租赁、期货等6个；此外，G银行还控股了信托公司。

最后，I银行和G银行部分经营指标变量排名类似。在纳入金融控股公司经营绩效评价指标的15个指标变量中，2018年I银行和G银行的营业收入增长率（X_{10}）、净利润增长率（X_{13}）、中间业务收入增长率等指标在13家银行类金融控股公司中排名相似。例如：2018年，I银行和G银行营业收入增长率（X_{10}）分别为12.52%和20.03%，在13家银行类金融控股公司中分别排名第三和第一，J银行排名第二。I银行和G银行净利润增长率（X_{13}）分别为14.41%和6.67%，在13家银行类金融控股公司中分别排名第一和第三，H银行排名第二。I银行和G银行中间业务收入增长率分别为7.50%和13.37%，在13家银行类金融控股公司中分别排名第四和第二，E银行排名第一。

鉴于I银行和G银行在股东背景、经营地域范围、持有金融牌照、指标变量排名等四个方面具有较高的相似程度，根据聚类分析方法的计算原理，I银行和G银行的分类非常接近。

通过以上聚类分析和因子分析结果对比分析，可以得出2018年13家金融控股公司的经营绩效聚类分析法的结果分类与通过因子分析方法计算的经营绩效得分排名非常类似，因此，可以说因子分析方法计算的经营绩效得分排名是准确的，可以用于使用。

第5章 研究数据结果与分析

5.6 实证研究的结论综述及启示

上一节，通过聚类分析法对因子分析法实证结果的准确性进行了验证。本节将对金融控股公司的四个因子得分、综合经营绩效得分及排名进行分析，并重点分析2018年的得分、2014年至2018年的平均得分和这五年得分变化情况。

5.6.1 金融控股公司分组

为便于比较分析，现根据持有或间接持有金融牌照数量情况将13家金融控股公司分为三组，具体如表5-23所示。

表5-23　　　　　13家金融控股公司分组情况

序号	名称	类别	持有或间接持有金融牌照数量
1	C银行	银行类金融控股公司（简称"银行金控"）	6
2	D银行		7
3	B银行		6
4	A银行		6
5	E银行		7
6	I银行		6
7	K银行		5
8	L银行		4
9	J银行		6

续表

序号	名称	类别	持有或间接持有金融牌照数量
10	F 银行	金融控股公司旗下银行类金融控股公司（简称"金控银行"）	7
11	G 银行		7
12	H 银行		7
13	M 银行	传统银行类金融控股公司（简称"传统银行"）	2

第一组为银行类金融控股公司（以下简称银行金控组）。C 银行、D 银行、B 银行、A 银行、E 银行、I 银行、K 银行、L 银行、J 银行均持有 4 个以上主要金融牌照，拥有的金融牌照比较齐全，且以传统银行为主体发起成立的金融控股公司。上述 9 家金融控股公司的类型均归纳为银行类金融控股公司。

第二组为金融控股公司旗下银行类金融控股公司（以下简称金控银行组）。F 银行、G 银行、H 银行均持有 2 个金融牌照，按照《金融控股公司监督管理试行办法》中条款规定本身应属于金融控股公司。同时，三家银行分别属于 F 集团、G 集团、H 集团，三家集团均持有 7 个以上的金融牌照，且属于金融控股公司。所以，F 银行、G 银行、H 银行归组为金融控股公司旗下的银行类金融控股公司。

第三组传统银行类金融控股公司（以下简称传统银行组）。鉴于目前全国性商业银行大部分持有 2 个以上（含）金融牌照，M 银行仅持有 2 个金融牌照，拥有的金融牌照非常少，且 98% 的净利润来源于传统商业银行。所以，将 M 银行归组为传统银行类金融控股公司。

5.6.2 综合得分情况

现将 2018 年金融控股公司 2018 年经营绩效综合得分、2014—2018 年经营绩效综合平均得分及排名变化情况分析如下。

(1) 2018 年经营绩效综合得分情况

本节将 2018 年金融控股公司经营绩效综合得分分别按照对金融控股公司分组排名和单一排名进行分析。具体情况如下：

①分组分析。从 2018 年金融控股公司分组经营绩效综合得分看（见表 5-24），银行金控组的 2018 年经营绩效综合得分最高，为 6.65 分，高于金控银行组的得分 1.30 分，高于传统银行得分 1.37 分。金控银行组的 2018 年经营绩效综合得分为 5.34 分，高于传统银行组的得分 0.07 分，低于 13 家金融控股公司的平均得分 0.90 分。传统银行组的 2018 年经营绩效综合得分为 5.28 分，低于金控银行组的得分 0.07 分，低于 13 家金融控股公司的平均得分 0.96 分。

从 2018 年经营绩效综合得分情况看，银行金控组优于金控银行组，金控银行组优于传统银行组。

表 5-24　　　　2018 年分组经营绩效综合得分情况

序号	分组	综合得分	综合得分排名
1	银行金控组	6.65	1
2	金控银行组	5.34	2
3	传统银行组	5.28	3
4	13 家平均	6.24	—

②单一分析。从 2018 年 13 家金融控股公司的经营绩效综合得分情况看，综合得分排名前三的金融控股公司为 I 银行、D 银行、C 银行，得分分别为 7.76 分、7.67 分、7.36

分；综合得分排名后三的金融控股公司为 H 银行、M 银行、F 银行，得分分别为 5.11 分、5.28 分、5.28 分。2018 年金融控股公司经营绩效综合得分见图 5-4。

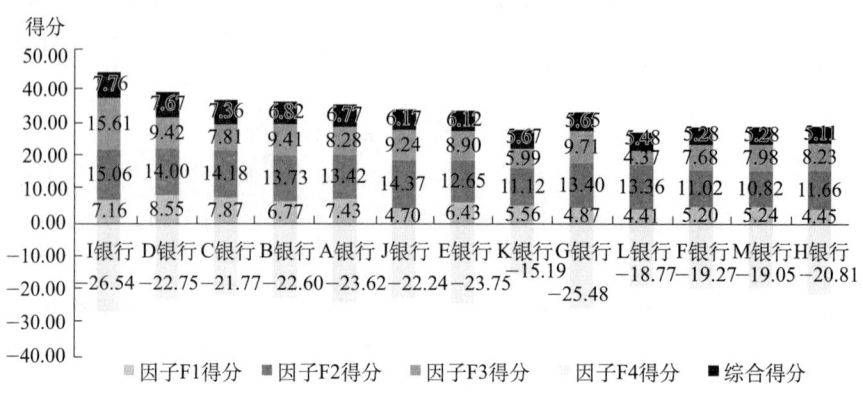

图 5-4　2018 年金融控股公司经营绩效得分图

通过分析可以得出：

一是经营绩效综合得分排名靠前的金融控股公司控股了比较齐全金融牌照的专业性金融机构，例如：I 银行和 C 银行拥有 6 个金融牌照，D 银行旗下有 7 个金融牌照。

二是经营绩效综合得分排名靠后的金融控股公司综合金融发展较慢。例如，排名第 12 名的 M 银行，经营绩效综合得分为 5.28 分，旗下仅有租赁的金融牌照。排名第 13 名的 H 银行原为 H1 银行，旗下仅有商业银行的金融牌照，2012 年 4 月 H 集团收购 H1 银行，改名为 H 银行；H 银行虽属于 H 集团，且 H 集团拥有齐全的金融牌照，但 H 银行正处于合并整合磨合期，排名较靠后。

三是经营绩效综合得分排名靠前和靠后的金融控股公司分数差距较大。经营绩效综合得分排名第一的 I 银行高于排名最后的 H 银行的得分 2.66 分，高于排名第 12 名的 M 银行的得分 2.49 分。

第5章 研究数据结果与分析

（2）2014—2018年综合平均得分情况

本节将结合2014—2018年金融控股公司的经营绩效综合得分，从金融控股公司分组排名的角度进行分析。

从2014年至2018年平均经营绩效综合得分看（见表5-25），按综合得分高低排名为银行金控组、传统银行组、金控银行组。其中，银行金控组的近五年平均得分最高，为6.84分，高于金控银行组得分1.0分，高于传统银行组的得分0.85分。传统银行组近五年平均得分5.99分，高于金控银行组的得分0.15分，但低于13家金融控股公司的平均得分0.55分。金控银行组的近五年平均得分5.84分，低于传统银行组的得分0.15分，低于13家金融控股公司的平均得分0.70分。

表5-25　　　　2014—2018年分组综合平均得分情况

序号	分组	平均得分	平均得分排名
1	银行金控组	6.84	1
2	金控银行组	5.84	3
3	传统银行组	5.99	2
4	13家平均	6.54	—

（3）2014—2018年综合得分排名变化情况

本书将结合2014—2018年金融控股公司经营绩效综合得分，从金融控股公司分组排名和单一排名进行分析，具体情况如下：

①分组分析。通过分析可得知：一是银行金控组与13家金融控股公司的经营绩效平均得分在拉大。2014年，银行金控组的经营绩效综合得分7.88分，高于13家金融控股公司的平均得分0.26分；2018年，银行金控组经营绩效综合得分6.65分，高于13家金融控股公司的平均得分0.41分，较2014年的差距扩大0.14分。这说明，银行金控组通

过开展多元化经营，经营绩效得分保持优势且提升较快，银行金控组的竞争力较大。

二是金控银行组的经营绩效综合得分和排名逐步优于传统银行组。2014年，金控银行组的经营绩效综合得分6.91分，低于传统银行组的综合得分0.43分，在分组中排名第3；2018年，金控银行组的经营绩效综合得分5.34分，高于传统银行组的得分0.07分，在分组中排名第2。这说明，金控银行组被金融控股公司收购后，经营绩效得分逐步优于传统银行组，金控银行组的综合化优势逐步体现。

三是传统银行组经营绩效综合得分和排名逐步下降。2014年，传统银行组的经营绩效综合得分7.34分，高于13家金融控股公司的平均得分0.27分，排名第2；2018年，传统银行组经营绩效综合得分5.28分，低于13家金融控股公司的平均得分0.96分，较2014年下降1.23分，排名第3。在利率市场化深入推进、银行息差空间不断收窄等情况下，传统银行组经营绩效综合得分降幅较大，竞争力较快下降，也说明综合化经营竞争力的优势凸显（见表5-26）。

表5-26　　　　　分组综合得分情况（按年）

序号	分组	2014年	2015年	2016年	2017年	2018年
1	银行金控组	7.88	6.79	6.42	6.45	6.65
2	金控银行组	6.91	6.04	5.48	5.41	5.34
3	传统银行组	7.34	6.18	5.73	5.43	5.28
4	13家平均	7.62	6.57	6.15	6.13	6.24

②单一分析。通过单一分析可得知：一是持有金融机构牌照比较齐全的金融控股公司经营绩效综合得分和排名优于持牌金融机构单一的金融控股公司。例如，经营绩效综合得分排名前三的金融控股公司为D银行、C银行、B银行（见图5-5），分别持有金融牌照种类为7个、6个、6个；综合得分排名后三的为F银行、G银行、H银行，均为传统银行，持

第 5 章 研究数据结果与分析

有较单一的金融机构牌照。

二是大部分持有金融机构牌照比较齐全的金融控股公司经营绩效综合得分排名不断改善。例如：持有金融机构牌照比较齐全的 B 银行、E 银行、I 银行 2018 年经营绩效综合得分排名较 2014 年分别提高 5 个名次、4 个名次、3 个名次。其中，I 银行经营绩效综合得分排名逐步提高，改善比较明显，由 2014 年的第 4 名提升至 2018 年的第 1 名。

三是持有金融机构牌照单一的金融控股公司综合得分和排名下行趋势较大。例如，M 银行 2014—2018 年经营绩效综合得分分别为 7.34 分、6.18 分、5.73 分、5.44 分、5.28 分，分数逐年下降；2018 年较 2015 年经营绩效综合得分下降 2.07 分，降幅达 28%；2015—2018 年经营绩效综合得分排名分别为第 8 名、第 10 名、第 10 名、第 10 名、第 12 名，2018 年较 2015 年综合得分排名下降 4 个名次。

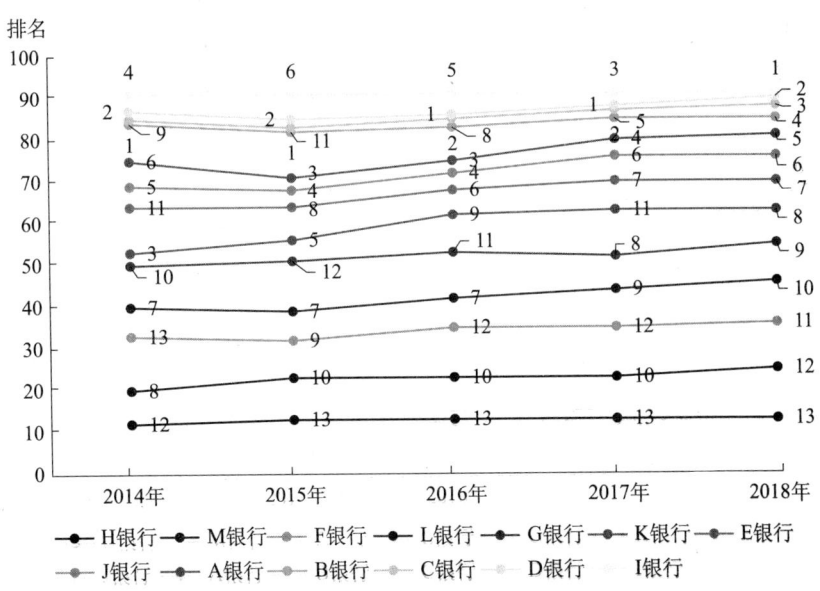

图 5-5　金融控股公司经营绩效排名情况（按年）

四是传统商业银行被金融控股公司收购后经营绩效综合得分和排名未必改善。例如，H 银行 2012 年被 H 集团收购后，2014—2018 年综合得分分别为 6.96 分、5.91 分、5.36 分、6.14 分、5.11 分，整体呈现下降趋势；2015 年经营绩效综合得分排名为第 12 名，2016—2018 年综合得分排名均为第 13 名，2018 年较 2015 年综合得分排名下降 1 个名次，在 13 家银行类金融控股公司中排名最后。鉴于金融机构之间的收购涉及管理层的调整、企业文化的融合、签约机制的差异等，传统商业银行被金融控股公司收购后，在一定时间内经营绩效不一定能够改善。

5.6.3　因子 F_1（偿付能力类）得分情况

本节分别从因子 F_1（偿付能力类）2018 年得分、2014—2018 年平均得分和得分排名变化等三个维度进行分析，分析如下。

（1）2018 年因子 F_1（偿付能力类）得分情况

从 2018 年因子 F_1（偿付能力类）得分情况看，银行金控组、传统银行组、金控银行组得分分别为 6.54 分、5.24 分、4.84 分。其中，金控银行组的因子 F_1 得分 2018 年较 2017 年提高 0.71 分，主要因为 M 银行 2018 年下半年补充资本金 200 亿元，导致风险抵补能力短期较快提升（2018 年金融控股公司因子 F_1 见表 5-27）。如果，剔除 M 银行 2018 年下半补充资本 200 亿元增资的影响，2018 年因子 F_1 分组得分中，银行金控组优于金控银行组，金控银行组优于传统银行组，即银行金控组偿付能力优于金控银行组、传统银行组。

第5章 研究数据结果与分析

表 5-27　　2018 年因子 F_1（偿付能力类）得分情况

序号	分组	得分	得分排名
1	银行金控组	6.54	1
2	金控银行组	4.84	3
3	传统银行组	5.24	2
4	13 家平均	6.05	—

（2）2014—2018 年因子 F_1（偿付能力类）平均得分情况

从 2014—2018 年 F_1（偿付能力类）平均得分看（见表 5-28），按得分高低排名为银行金控组、金控银行组、传统银行组。其中，银行金控组这 5 年平均得分最高，为 5.82 分，高于金控银行组的得分 1.41 分，并高于传统银行组得分 1.63 分。金控银行组这 5 年平均得分 4.41 分，低于银行金控组的得分 1.41 分，高于传统银行组得分 0.22 分。传统银行组这五年平均得分 4.19 分，低于金控银行组的得分 0.22 分，低于 13 家金融控股公司的平均得分 1.18 分。说明，发展综合金融有利于偿付能力的提高。

表 5-28　　2014—2018 年因子 F_1（偿付能力类）平均得分情况表

序号	分组	平均得分	得分排名
1	银行金控组	5.82	1
2	金控银行组	4.41	2
3	传统银行组	4.19	3
4	13 家平均	5.37	—

（3）2014—2018 年因子 F_1（偿付能力类）得分排名变化情况

从 2014—2018 年因子 F_1（偿付能力类）得分和排名变化情况看（见图 5-6），一是银行金控组、金控银行组、传

统银行组因子 F_1 得分近 5 年普遍提高，其中银行金控组 2018 年的因子 F_1 得分较 2014 年提高 1.23 分，金控银行组 2018 年的因子 F_1 得分较 2014 年提高 0.99 分；传统银行组 2018 年的因子 F_1 得分较 2014 年提高 1.60 分，若剔除 2018 年增资 200 亿元影响，因子 F_1 得分（2017 年）较 2014 年提高 0.89 分。

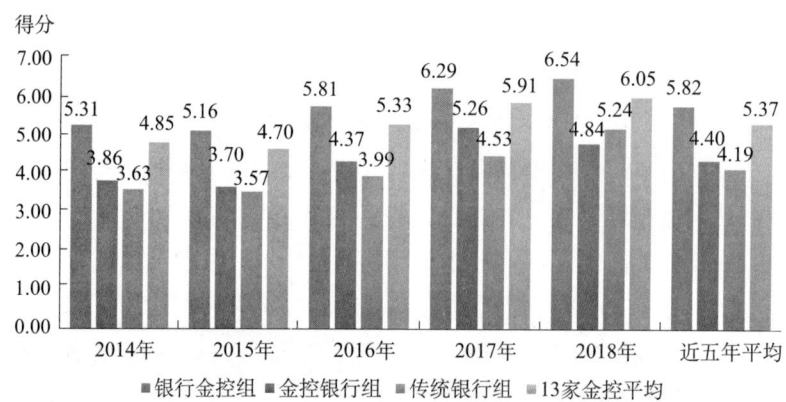

图 5-6　2014—2018 年金融控股公司分组因子 F_1 得分情况

二是银行金控组的提高幅度大于金控银行组和传统银行组，其中，银行金控组的 2018 年因子 F_1 得分值较 2014 年提高了 1.23 分，高于金控银行组的提高额 0.24 分，并高于传统银行组的提高额 0.34 分。这说明，银行金控组的偿付能力提高额优于金控银行组和传统银行组，即长期看，开展多元化经营有利于偿付能力的改善。

5.6.4　因子 F_2（盈利能力类）得分情况

本节分别从因子 F_2（盈利能力类）2018 年得分、2014—2018 年平均得分和得分排名变化等三个维度进行分析，分

第5章 研究数据结果与分析

析如下。

（1）2018年因子F_2（盈利能力类）得分情况

从2018年F_2（盈利能力类）得分情况看（见表5-29），银行金控组优于金控银行组，金控银行组优于传统银行组。银行金控组的F_2得分13.54分，高于金控银行组1.52分，并高于传统银行组2.72分；金控银行组的F_2得分12.03分，低于13家金融控股公司的平均得分0.96分，高于传统银行组1.20分；传统银行组F_2得分10.82分，低于金控银行组1.20分，低于13家金融控股公司的平均得分2.16分。

表5-29　2018年因子F_2（盈利能力类）得分情况

序号	分组	得分	得分排名
1	银行金控组	13.54	1
2	金控银行组	12.03	2
3	传统银行组	10.81	3
4	13家平均	12.98	—

（2）2014—2018年因子F_2（盈利能力类）平均得分情况

从2014—2018年F_2（盈利能力类）平均得分情况看（见表5-30），按得分高低排名为银行金控组、传统银行组、金控银行组。

表5-30　2014—2018年因子F_2（盈利能力类）平均得分情况

序号	分组	平均得分	平均得分排名
1	银行金控组	15.27	1
2	金控银行组	14.66	3
3	传统银行组	15.06	2
4	13家平均	15.11	—

其中，银行金控组这五年平均得分最高，为15.27分，

较传统银行组的得分高 0.21 分，较金控银行组得分高 0.61 分。传统银行组这五年平均得分 15.06 分，较 2014 金控银行组的得分高 0.40 分，但较 13 家金融控股公司的平均得分低 0.05 分。金控银行组这五年平均得分 14.66 分，较 13 家金融控股公司的平均得分低 0.45 分，较传统银行组的得分低 0.40 分。这说明，从这 5 年平均得分数据看，银行金控组的盈利能力优于传统银行组，传统银行组优于金控银行组。

传统银行组优于金控银行组主要原因：一是由于 2014—2016 年国内尚未利率市场化，金融行业仍然以存贷款利差作为盈利的主要来源。随着利率市场化深入推进，金控银行组与传统银行组间盈利差距逐步缩小，2018 年成为拐点。2018 年，金控银行组因子 F_2 得分为 12.03 分，较传统银行组得分高 1.20 分。这说明，自 2018 年开始，综合经营优势逐步显现。二是 H 银行列入金控银行组中，拉低了本组平均得分。H 银行被 H 集团收购后，受企业文化融合等影响，盈利能力较弱。

（3）2014—2018 年因子 F_2（盈利能力类）平均得分变化情况

从 2014 至 2018 年因子 F_2（盈利能力类）得分情况看，F_2 得分整体呈下降趋势，但不同类型金融控股公司降幅差距较大（见图 5-7）。

一是受近年利率市场化深入推进、资本市场化改革影响，银行金控组、金控银行组、传统银行组盈利能力均有所下降。

二是银行金控组的盈利因子得分降幅小于金控银行组，金控银行组的盈利因子得分降幅小于传统银行组。2018 年，银行金控组、金控银行组、传统银行组盈利因子得分较 2014 年分别下降 6.62 分、7.82 分、10.31 分，其中银行金控组的分数下降额是金控银行组的下降额的 84.70%，是传统银行组下降额的 64.23%；金控银行组的分数下降额是传

第5章 研究数据结果与分析

统银行组的下降额的 75.83%。这说明，利率市场化后，综合经营能够起到盈利"稳定器"的作用。

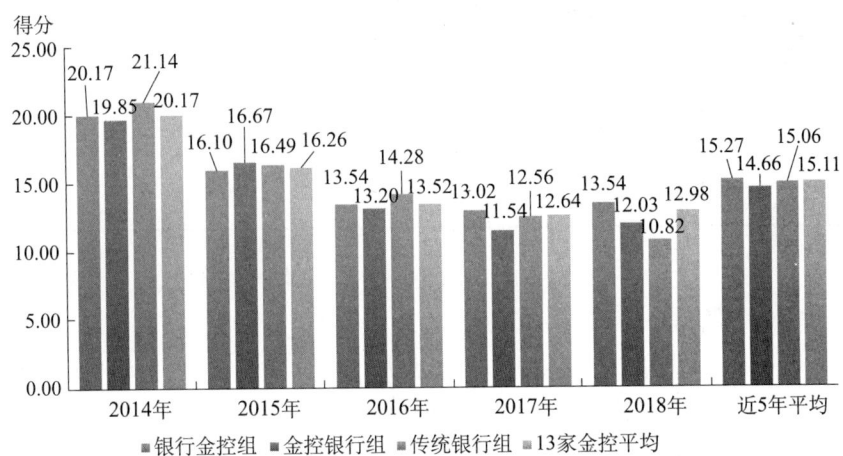

图 5-7 2014—2018 年金融控股公司分组因子 F_2 得分情况

5.6.5 因子 F_3（资产质量类）得分情况

金融控股公司作为金融机构同样是以经营风险为主，特别是近年中国经济增速放缓，部分区域和行业隐性风险增加，金融控股公司强化资产质量管理的重要性凸显。上一节重点分析了盈利能力得分情况，本节重点分析资产质量类得分情况。

（1）2018 年因子 F_3（资产质量类）得分情况

从 2018 年因子 F_3（资产质量类）得分情况看（见表 5-31），银行金控组优于金控银行组，金控银行组优于传统银行组。2018 年因子 F_4（资产质量类）得分中，银行金控组的得分 8.78 分，较金控银行组的得分高 0.24 分，较传统银行组的得分高 0.8 分；金控银行组的得分 8.54 分，较传统银行组的得分高 0.56 分，较 13 家金融控股公司的平均得分高 0.12 分。这说明，发展综合金融有利于提高资产质量。

表 5-31　　2018 年因子 F_3（资产质量类）得分情况

序号	分组	得分	得分排名
1	银行金控组	8.78	1
2	金控银行组	8.54	2
3	传统银行组	7.98	3
4	13 家平均	8.66	—

（2）2014—2018 年因子 F_3（资产质量类）平均得分情况

从 2014—2018 年因子 F_3（资产质量类）平均得分情况看（见表 5-32），金控银行组优于传统银行组，传统银行优于银行金控。

表 5-32　　2014—2018 年因子 F_3（资产质量类）平均得分情况

序号	分组	平均得分	得分排名
1	银行金控组	7.84	1
2	金控银行组	8.35	2
3	传统银行组	8.08	3
4	13 家平均	7.98	—

金控银行组这 5 年因子 F_3 平均得分为 8.35 分，较传统银行组的平均得分高 0.27 分，较银行金控组的平均得分高 0.97 分；金控银行组这五年因子 F_3 平均得分为 8.35 分，较银行金控组的平均得分高 0.51 分，也较 13 家金融控股公司的平均得分高 0.37 分；银行金控组这五年因子 F_3 平均得分为 7.84 分，较 13 家金融控股公司的平均得分低 0.14 分。这说明，实施综合经营后，在一定时期内，因投资标的等风险偏好增加，资产管理难度加大，资产的安全性下降。

（3）2014—2018 年因子 F_3（资产质量类）得分变化情况

第5章 研究数据结果与分析

从 2014—2018 年因子 F_3（资产质量类）得分变化情况看，发展综合金融，资产质量呈先下降后上升趋势。

这 5 年，银行金控组、金控银行组、传统银行组 F_3（资产质量类）得分呈现"V"分布，从 2014—2016 年逐步下降，2016 年是转折点，2016—2018 年逐步上升。

从 2018 年较 2016 年改善情况看，银行金控组、金控银行组、传统银行组 F_3（资产质量类）得分的改善额分别为 2.80 分、2.76 分、1.31 分，其中，银行金控组的得分改善额较金控银行组的改善额多 0.04 分，是金控银行组的改善额的 101.45%；金控银行组的得分改善额较传统银行组的改善额多 1.45 分，是传统银行组的改善额的 210.69%（见图 5-8）。这说明，长期看，实施综合经营后，有利于资产质量的改善。

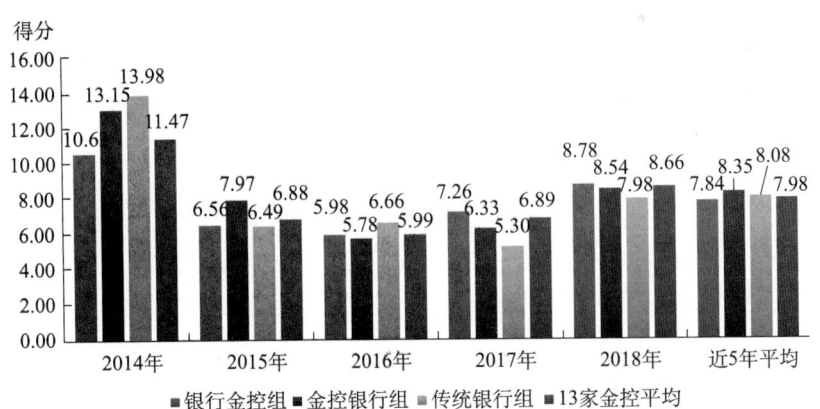

图 5-8 金融控股公司分组因子 F_3 得分情况（按年）

5.6.6 因子 F_4（成本管控类）得分情况

伴随着利率市场改革加快、金融机构竞争加剧等，金融控股公司通过有效管控成本,来提升盈利能力,成为面临的重要课题。上一节重点分析了盈利能力得分情况,本节重点分析成本管理能力得分情况。

(1) 2018年因子F_4(成本管控类)得分情况

从2018年因子F_4(成本管控类)得分情况看(见表5-33),传统银行组优于金控银行组,金控银行组优于银行金控组。

2018年因子F_4(成本管控类)得分中,传统银行组得分为-19.05分,较金控银行组的得分高2.8分,也较银行金控组的得分高0.23分;金控银行组的得分为-21.85分,较银行金控组的得分高0.06分,较13家金融控股公司的平均得分高0.17分。这说明,短期内,发展综合金融需要一定的资源投入,有较高的成本。例如,新成立或并购其他专业性金融机构需要支付金额较大的资本金,缴纳一定的并购费用和支付新增的人力成本等;新设立金融机构的分支机构需要增加支付营业场所的租赁费用和人力成本等。

表5-33 2018年因子F_4(成本管控类)得分情况

序号	分组	2018年得分	得分排名
1	银行金控组	-21.91	3
2	金控银行组	-21.85	2
3	传统银行组	-19.05	1
4	13家平均	-21.68	—

(2) 2014—2018年因子F_4(成本管控类)平均得分情况

从2014—2018年因子F_4(成本管控能力)平均得分情况看(见表5-34),银行金控组优于传统银行组,传统银行组优于金控银行组。

第5章 研究数据结果与分析

表 5-34 2014—2018 年因子 F_4（成本管控能力）得分情况

序号	分组	近五年平均得分	得分排名
1	银行金控组	-22.17	1
2	金控银行组	-24.57	3
3	传统银行组	-23.16	2
4	13 家平均	-22.80	—

银行金控组这五年因子 F_4 平均得分为 -22.17 分，较金控银行组的平均得分高 0.99 分，较传统银行组的平均得分高 2.4 分；金控银行组这五年因子 F_4 平均得分为 -24.57 分，较传统银行组的平均得分低 1.41 分，也较 13 家金融控股公司的平均得分低 1.77 分。这说明，长期来看，发展综合经营有利于提升成本管理能力，降低成本。

（3）2014—2018 年因子 F_4（成本管控类）得分变化情况

从 2014—2018 年因子 F_4（成本管控类）得分变化情况看，发展综合金融，促进成本下降。

银行金控组、金控银行组、传统银行组的成本管控能力因子得分较 2014 年均提高，分别提高 9.03 分、14.44 分、17.57 分。这说明，发展综合金融有利于降低成本。但是，银行金控组的得分提高额小于金控银行组，金控银行组的得分提高额小于传统银行组。银行金控组的分数提高额是金控银行组提高额的 62.51%，是传统银行组提高额的 54.41%；金控银行组的分数提高额是传统银行组提高额的 82.23%（见图 5-9）。这说明，发展综合金融，新成立或并购其他专业性金融机构需要一定的资本金、并购费用、人力成本、营业场所租赁、信息系统管理和应用等资源投入前期需要付出较多的成本。

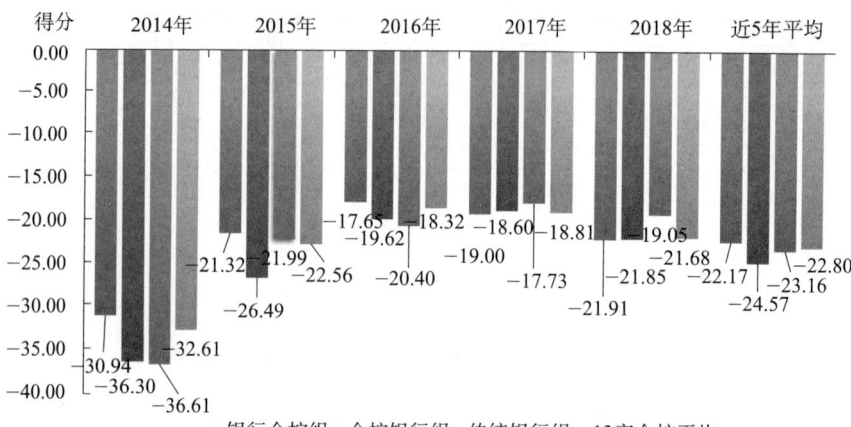

图 5-9 金融控股公司分组因子 F_4 得分情况（按年）

5.7 研究假设的验证

  为进一步分析综合化经营对盈利能力、偿付能力、成本管控、经营绩效的影响程度，本节将通过 IBM SPSS® 统计分析软件中卡方检验模型对 13 家金融控股公司分组对综合化经营与偿付能力 F_1、盈利能力 F_2、成本管控 F_4、经营绩效关系假设做进一步验证。根据 13 家金融控股公司持有或间接持有金融牌照数量情况将其分为三组，即银行金控组、金控银行组、传统银行组，具体如表 5-23 所示。

  卡方检验模型是一种假设检验方法，也是一种用途非常广泛的分类资料统计应用。卡方检验模型类型包括四格表和行列表资料的卡方检验（毕然、何怡刚、史露强、程彤彤，2019），本书采用行列表资料的卡方检验。

第 5 章　研究数据结果与分析

5.7.1　综合化经营与偿付能力卡方检验模型分析

通过统计分析软件中的卡方检验模型对三组金融控股公司 2014—2018 年这 5 年的偿付能力类因子 F_1 得分进行分析。

采用卡方检验模型中的交叉表检验中的精准检验功能，判断各组的差异。通过卡方检验模型生成了偿付能力类卡方检验表，详见表 5-35。

表 5-35　　　　　偿付能力类因子得分卡方检验表

类别	值	df	渐进 Sig.（双侧）	精确 Sig.（双侧）
Pearson 卡方	143.437[a]	22	0.0000	0.0000
似然比	156.004	22	0.0000	0.0000
Fisher 的精确检验	108.241			0.0000
有效案例中的 N	72			

通过卡方检验模型检验偿付能力类因子 F_1 得分，结果显示的卡方值 X^2 为 143.437，对应的 P 值小于 0.001，差异具有统计学意义，金融控股公司持有或间接持有金融牌照数量情况不同对盈利能力影响有差异。根据卡方检验结果提示"银行金控组、金控银行组、传统银行组"三类分组对应的偿付能力类因子 F_1 这 5 年得分有显著差异，可以认为综合经营与偿付能力类因子 F_1 具有统计意义。

通过分组与偿付能力类因子得分交叉制表（见表 5-36）可以看出，分组与偿付能力类因子得分之间的相关差异。在三个分组中，银行金控组的偿付能力类得分计数为 28.96，占总数的 40.40%，金控银行组的偿付能力类得分计数为 21.87，占总数的 30.50%，传统银行组的偿付能力类得分计数为 20.89，占总数的 29.10%。综上所述，银行金控组的偿付能力优于金控银行组,金控银行组的偿付能力优于传统银行组。通过卡方检验模型分析检验得出的关于偿付能力的结论,与通过因子分析计算的偿付能力类得分的结论一致,如同 2014—2018 年偿付能力类因子平均得分情况表(见表 5 – 28)所列示。

表 5 – 36 分组与偿付能力类因子得分交叉制表

	类别		得分合计
分组	银行金控组	计数	28.96
		期望的计数	29.00
		分组中的比例	100.00%
		总数的比例	40.40%
	金控银行组	计数	21.87
		期望的计数	21.90
		分组中的比例	100.00%
		总数的比例	30.50%
	传统银行组	计数	20.89
		期望的计数	20.90
		分组中的比例	100.00%
		总数的比例	29.10%
合计		计数	71.72
		期望的计数	71.70
		分组中的比例	100.00%
		总数的比例	100.00%

5.7.2 综合化经营与盈利能力卡方检验模型分析

通过 IBM SPSS® 卡方检验模型对三组金融控股公司

第5章 研究数据结果与分析

2014—2018年这五年的盈利能力类因子F_2得分进行分析。

通过盈利能力类因子得分卡方检验表（见表5-37）中卡方检验模型检验盈利能力类因子F_2得分结果显示的卡方值X^2为449.875，对应的P值小于0.001，具有统计学意义。根据卡方检验结果提示"银行金控组、金控银行组、传统银行组"三类分组对应的盈利能力类因子F_2这5年得分有显著差异，可以认为综合经营与盈利能力类因子F_2得分具有统计意义。

表5-37　　　　　　　　盈利能力类因子得分卡方检验表

类别	值	df	渐进 Sig.（双侧）	精确 Sig.（双侧）
Pearson 卡方	449.875[a]	28	0.0000	0.0000
似然比	494.173	28	0.0000	0.0000
Fisher 的精确检验	410.024			0.0000
有效案例中的 N	225			

通过分组与盈利能力类因子得分交叉制表（见表5-38）可以看出，分组与盈利能力类得分之间的相关差异。在三个分组中，银行金控组的盈利能力类得分计数为76.37，占总数的34%，金控银行组的盈利能力类得分计数为73.28，占总数的32.60%，传统银行组的盈利能力类得分计数为75.29，占总数的33.50%。综上所述，银行金控组的盈利能力优于传统银行组，传统银行组的偿付能力优于金控银行组。通过卡方检验模型分析检验得出的关于盈利能力的结论，与通过因子分析计算的盈利能力类得分的结论一致，如同2014—2018年盈利能力类因子平均得分情况表（表5-15）所列示。

表 5-38　　　　分组与盈利能力类因子得分交叉制表

类别				得分合计
分组	银行金控组	计数		76.37
		期望的计数		76.40
		分组中的比例		100.00%
		总数的比例		34.00%
	金控银行组	计数		73.28
		期望的计数		73.30
		分组中的比例		100.00%
		总数的比例		32.60%
	传统银行组	计数		75.29
		期望的计数		75.30
		分组中的比例		100.00%
		总数的比例		33.50%
合计		计数		224.94
		期望的计数		224.90
		分组中的比例		100.00%
		总数的比例		100.00%

5.7.3　综合化经营与成本管控卡方检验模型分析

通过 IBM SPSS® 统计分析软件卡方检验模型对三组金融控股公司 2013—2018 年这 5 年的成本管控类因子 F_4 得分进行分析。因卡方检验模型的加强变量值应为正值，所以需要先对成本管控类因子的得分进行正向处理，然后再进行卡方检验（见表 5-39）。

第 5 章 研究数据结果与分析

表 5-39　成本管控能力类因子得分卡方检验表

类别	值	df	渐进 Sig.（双侧）	精确 Sig.（双侧）
Pearson 卡方	698.922[a]	28	0.0000	[b]
似然比	767.218	28	0.0000	0.0000
Fisher 的精确检验	669.125			0.0000
有效案例中的 N	349			

通过卡方检验模型检验的成本管控类因子 F_4 得分结果显示的卡方值 X^2 为 698.922，对应的 P 值小于 0.001，具有统计学意义。根据卡方检验结果提示"银行金控组、金控银行组、传统银行组"三类分组对应的盈利能力类因子 F_4 近 5 年得分有差异，可以认为综合经营与成本管控类因子 F_4 得分具有统计意义。

通过分组与成本管控能力类因子得分交叉制表（见表 5-40）可以看出，分组与成本管控能力类得分之间的相关差异。在三个分组中，银行金控组的盈利能力类得分计数为 110.83，占总数的 31.70%，金控银行组的成本管控能力类得分计数为 122.86，占总数的 35.20%，传统银行组的成本管控能力类得分计数为 115.78，占总数的 33.10%。因成本管控能力类因子得分均为负值，在进行卡方检验前进行了负数的正向化处理。综上所述，银行金控组的成本管控能力优于传统银行组，传统银行组的偿付能力优于金控银行组。通过卡方检验模型分析检验得出的关于成本管控能力的结论，与通过因子分析计算的成本管控能力类得分的结论一致，如同 2014 年至 2018 年成本管控能力类因子平均得分情况表（见表 5-34）所列示。

表 5 – 40　　　分组与成本管控能力类因子得分交叉制表

类别			得分合计
分组	银行金控组	计数	110.83
		期望的计数	110.80
		分组中的比例	100.00%
		总数的比例	31.70%
	金控银行组	计数	122.86
		期望的计数	122.90
		分组中的比例	100.00%
		总数的比例	35.20%
	传统银行组	计数	115.78
		期望的计数	115.80
		分组中的比例	100.00%
		总数的比例	33.10%
合计		计数	349.46
		期望的计数	349.50
		分组中的比例	100.00%
		总数的比例	100.00%

5.7.4　综合化经营与经营绩效卡方检验模型分析

通过统计分析软件中卡方检验模型对三组金融控股公司2013—2018年这五年的经营绩效得分进行分析（见表 5 – 41）。

表 5 – 41　　　　　　　卡方检验表

类别	值	df	渐进 Sig.（双侧）	精确 Sig.（双侧）
Pearson 卡方	222.540[a]	28	0.000	0.000
似然比	244.04	28	0.000	0.000
Fisher 的精确检验	176.173			0.000
有效案例中的 N	111			

第5章 研究数据结果与分析

通过卡方检验模型检验综合经营绩效得分结果显示的卡方值 X^2 为 440.000,对应的 P 值小于 0.001,具有统计学意义。根据卡方检验结果提示"银行金控组、金控银行组、传统银行组"三类分组对应的综合经营绩效近5年得分有显著差异,可以认为综合经营与经营绩效得分具有统计意义。

通过交叉表(见表5-42)可以看出分组与综合经营绩效得分之间的相关差异。在三个分组中,银行金控组的综合经营绩效得分计数为 40.43,占总数的 36.30%,金控银行组的综合经营绩效得分计数为 35.26,占总数的 31.70%,传统银行组的综合经营绩效得分计数为 35.59,占总数的 32.0%。综上所述,银行金控组的综合经营绩效优于传统银行组,传统银行组综合经营绩效优于金控银行组。这也与通过因子分析计算的综合经营绩效得分的结论一致,如同 2014—2018 年分组综合平均得分情况表(表5-26)所列示。

表 5-42　　　　　分组与综合经营绩效得分交叉制表

	类别		得分合计
分组	银行金控组	计数	40.43
		期望的计数	40.40
		分组中的比例	100.00%
		总数的比例	36.30%
	金控银行组	计数	35.26
		期望的计数	35.30
		分组中的比例	100.00%
		总数的比例	31.70%
	传统银行组	计数	35.59
		期望的计数	35.60
		分组中的比例	100.00%
		总数的比例	32.00%

续表

类别		得分合计
合计	计数	111.27
	期望的计数	111.30
	分组中的比例	100.00%
	总数的比例	100.00%

5.7.5 研究假设汇总

通过 IBM SPSS® 统计分析软件在对 13 家金融控股公司分三组进行了研究，内容包括偿付能力类因子 F_1、盈利能力类因子 F_2、资产质量类因子 F_3、成本管控类因子 F_4、经营绩效。在此基础上，通过卡方检验模型对四个研究假设进行了验证，四个研究假设分别为综合化经营与偿付能力、综合化经营与盈利能力、综合化经营与成本管控能力、综合化经营与经营绩效等，研究假设和检验结果如表 5-43 所示。通过以上分析和验证，可以看出本书提出的四个研究假设都得到了实证检验的支持。

表 5-43　　　　本书研究假设及检验结果汇总

序号	假设	检验结果
1	实施综合化经营对中国金融控股公司盈利能力提升具有正向影响	成立
2	实施综合化经营对中国金融控股公司偿付能力提升具有正向影响	成立
3	实施综合化经营对中国金融控股公司成本管控能力提升具有正向影响	成立
4	实施综合化经营对中国金融控股公司经营绩效的提升具有正向影响	成立

5.8 本章小结

本章首先设定了研究的假设，在对经营指标数据进行正向化和标准化处理的基础上，对其信度和效度进行了分析。通过对其进行 KMO 检验、Bartlett 球体检验等，表明经营指标数据适宜开展因子分析。

其次，对 13 家金融控股公司开展了实证分析，通过特征值准则、碎石检验准则等提取了公共因子；通过旋转成分载荷矩阵、公共因子得分系数矩阵等，计算了公共因子得分、经营绩效得分和排名，并用聚类分析法对因子分析法的实证结果进行了验证。再次，对金融控股公司经营绩效综合得分及排名，因子 F_1（风险抵补类）、因子 F_2（盈利能力）、因子 F_3（资产质量类）、因子 F_4（成本管控能力）等因子得分及排名进行分析综述。

最后，在对 13 家金融控股公司经营绩效综合得分和四个因子得分及排名进行分析的基础上，通过卡方检验模型对综合化经营与偿付能力、综合化经营与盈利能力、综合化经营与成本管控能力、综合化经营与经营绩效等四个研究假设进行了验证，并得到了实证检验的支持。

第 6 章

结论与展望

本书以中国银行类金融控股公司为研究对象,在金融控股公司相关理论基础上,总结和借鉴金融控股公司的最新研究,采用因子分析法作为对中国银行类金融控股公司经营绩效的研究方法,开展建模分析和数据分析结果讨论。本章梳理归纳了本书关于中国金融控股公司经营绩效评价研究的主要结论,探讨本书对理论的贡献,提出对金融控股公司经营与管控的建议,指出了本书存在的局限性,并对未来研究的方向给予了展望。

第6章 结论与展望

6.1 结论

本书在大量阅读文献的基础上,对金融控股公司的概念进行了讨论和界定,对目前金融控股公司存在的主要类别和特点进行了归纳,并对支撑金融控股公司发展的规模经济、范围经济、协同效应、风险分散等理论进行了梳理,并论述了国内和国外学者对金融控股公司研究现状,介绍了金融控股公司经营绩效的最近研究成果。

本书通过 IBM SPSS® 统计软件对偿付能力类因子、盈利能力类因子、资产质量类因子、成本管控类因子、综合经营绩效等进行数据回归分析,在概述各章内容的基础上,得出主要结论如下:一是建立了中国银行类金融控股公司经营绩效评价模型。二是实施多元化经营对经营绩效等影响进行分析。实施多元化经营对经营绩效、偿付能力、盈利能力、成本管控能力的提升具有正向影响,且对资产质量的改善具有正向影响。三是传统银行转型成为当前较迫切选择,传统商业银行向综合化经营转型是重要方向。四是对金融控股公司进行分类评价。按照金融控股经营多元化程度分类进行评价,并对银行金控、金控银行、传统银行的经营绩效进行对比分析,发现个别传统银行被金融控股公司合并后经营绩效未必改善。

6.2 学术意义

通过上一节对研究结论的梳理，本书研究结论与前期部分文献有一致的发现，也有对相关理论的提升和完善，现梳理本书的学术意义如下：

6.2.1 中国金融控股公司具有规模经济等效应

国外一些学者对欧洲、美国等国家和地区的金融控股公司进行了实证研究，得出了相关国家的金融控股公司存在规模经济、范围经济（克拉克（Clark），1988）、增强协同效应（霍尔茨豪泽（Holzhauser）、哈克萨（Hackethal）和艾尔莎（Elsas），2010）、降低风险（沃雷（Wall）、赖克特（Reichert）和莫汉（Mohan），1993）。但尚未有学者对中国的金融控股公司是否存在规模经济等进行研究，填补了此部分空白。

本书在相关学者文献研究的基础上，从绩效评价的角度出发，通过对中国金融控股公司的实证研究，采集了13家上市的银行类金融控股公司2014—2018年这五年的经营指标数据，通过因子分析法开展经营绩效的实证分析，说明近5年中国金融控股公司开展综合经营对经营绩效改善、盈利能力提升、风险抵补能力增强、成本管控能力加强具有正向作用。

一是中国金融控股公司存在规模经济效应。随着资产规

第6章 结论与展望

模的扩大,金融控股公司通过整合资源、分摊固定成本、推销多种金融产品、实现客户信息共享等,对经营绩效改善、盈利能力提升、风险抵补能力增强、成本管控能力加强等具有正向作用。

二是中国金融控股公司存在范围经济效应。金融控股公司旗下拥有多个不同的专业性金融机构,与传统商业银行相比,经营范围更广、业务结构多样化、创利渠道多元化;银行金控组的经营绩效优化金控银行组,金控银行组的经营绩效优于传统银行组,经营的多元化对经营绩效具有正向作用。

三是中国金融控股公司存在协同效应。金融控股公司在研发、产品、营销和信息技术等方面具有协同效应,例如招商银行利用其在发展零售金融业务中打下的良好客户基础,为子公司代理销售人寿保险、公募基金、资产管理产品等;在为客户提供多样化的金融产品和服务基础上,也进一步夯实了零售金融业务的客户基础,促进了招商银行近年经营绩效不断改善。

四是中国金融控股公司存在风险递减效应。中国金融控股公司通过实施多元化经营促进了风险抵补能力增强,从2014—2108年这5年的经营指标数据可以得出,银行金控组的风险抵补能力优于金控银行组,金控银行组的风险抵补能力优于传统银行组。

6.2.2 对中国金融控股公司经营绩效评价方法进行了探索

由于中国金融体制改革起步较晚,国内的金融控股公司正处在初步发展阶段。近年来,虽然国内关于金融控股公司的文献逐渐增多,文献主要集中在探讨金融业分业经营与混业经营的利弊、混业经营的发展模式、风险及监管体系等领域，但由于中国的金融控股公司发展刚刚起步，现有文献对中国金融控股公司的综合经营管理，特别是经营绩效评价方法和实证研究的文献非常少。本书对中国金融控股公司绩效评价指标体系、经营绩效评价方法、金融控股公司绩效评价分类对比分析等方面做了探索。研究结果可为相关研究提供了新思路，拓展了新视角，并弥补了相关研究的不足。

6.2.3 按照金融控股公司经营多元化程度分类进行评价研究

本书创新性地将金融控股公司进行多元化程度分类，开展评价。根据金融控股公司经营的多元化程度，即依据金融控股公司持有的金融机构牌照数量情况，将银行类金融控股公司划分为三类，即银行金控组、金控银行组、传统银行组，并对这三种类型的金融控股公司的经营绩效进行了对比分析。

在对经营绩效进行分析时，主要是从四个维度开展评价：一是综合经营绩效；二是风险抵补能力；三是盈利能力；四是成本管控能力。评价过程中，将经营多元化程度、经营绩效和风险综合起来进行综合分析，计算出经营绩效评价得分。在一定程度上，丰富了金融控股公司经营绩效评价等理论。

6.2.4 金融控股公司多元化经营促进经营绩效评价提升

巴特（Barth）、诺尔（Nolle）及瑞思（Rice）（1997）等学者研究支持经营多元化与绩效具有正相关关系。利率市场化改革深入推进后，传统商业银行盈利的主要来源存贷款利差缩小;实现综合化经营,可以拓展资本市场、保险等业务,获得盈利增长点;实行多元化经营,促进了金融机构业务结构多元化,盈利方式也多元化,能够保持盈利能力的稳定性。实施综合化经营,商业银行可以增加规模经济和范围经济效应,分散和降低风险,实现稳定和多渠道的利润来源,提升银行竞争力。从2014年至2018年这5年经营绩效综合得分和排名变化趋势看,开展多元化经营的银行类金融控股公司更具有竞争力。银行金控组的经营绩效优于金控银行组;金控银行组的竞争力逐步增强,并逐步优于传统银行组;传统银行组的竞争力逐步下降。金融控股公司成为传统商业银行应对利率市场化改革和"金融脱媒"的加快等,改善收入结构,实现规模经济和范围经济,并减少运营成本,提升经营绩效的有效手段。

6.3 管理意义

基于前期研究的成果和结论,本书将以促进经营绩效提升为出发点,为传统商业银行、金融控股公司等提出经营与管控的建议,提出的经营管控建议具有重要的实践管理意义。

6.3.1 传统银行向综合化经营转型是重要战略选择

随着金融业逐步对外开放,利率市场化改革深化,资本市场繁荣发展,直接融资占比提高,金融科技较快发展,金融融资去除中介化步伐加快。传统商业银行的贷款和存款之间利息差额日趋减少，带给银行业较大的盈利生存压力。金融脱媒趋势加快，给以商业银行为主导的传统融资中介带来明显冲击，商业银行传统的客户基础面临明显的分流压力。

通过实施商业银行综合化经营，可以保持盈利的稳定性。商业银行实施综合化经营后，可以进入信托、保险、证券、期货、投资等非银行类金融领域。当宏观经济政策和形势发生变化，市场经营环境变化时，实施综合化经营后，可以有较多的可选择经营的金融领域，能够及时调整业务发展的重点，合理优化业务结构。商业银行可以实现从依靠单一的存款和贷款的利差收入获取收入来源，向依靠投行业务、信托业务、保险业务、投资业务等多元化收入转变，减少盈利的波动性，保持盈利的稳定性，促进利润可持续地增长，保证稳健运行。

商业银行通过实施综合化经营，可以为客户提供综合化金融服务。

一是商业银行通过实施综合化经营，能够推动由对客户资产进行持有，转变为对客户资产进行委托式投资和管理，提供一条龙式的综合化金融服务。

二是商业银行通过开展综合化经营，可以促进运用存贷款业务、信托业务、投行业务等多种方式的投资管理和资产配置能力不断提升，满足客户多元化的投资和资产配置需求；通过满足客户的多元化需求，来拓宽业务范围和增加盈利的收入来源，促进稳定、可持续的发展，不断提升在市场竞争中的核心优势。

三是商业银行通过开展综合化经营，可以促进运用存贷款业务、信托业务、投行业务等多种方式来提高服务客户的效率，降低日常服务客户和业务运营的成本，提高客户黏合

第6章 结论与展望

度,促进规模经济和范围经济实现,促进经营风险的进一步分散和降低,不断地提升盈利能力。

综上所述,商业银行应当将综合化经营作为未来战略发展的主要方向,推动多元化经营范围、多种业务共同发展,并促进集约型管理的落实和实施。

6.3.2 推动集团和子公司两个层面公司治理

近年,商业银行综合化和集团化发展步伐较快,金融控股公司机构庞大、管理关系复杂,需要不断优化公司治理,推动金融控股公司由财务管控型、战略管控型,向运营管控型转变。明确合理把握集团对子公司管控尺度,厘清管理边界,集团和子公司两个层面的职责分工,通过建立平衡集中和自主经营的最佳管理限度机制,促进"放出活力、管出规范、服出价值"。

在集团层面重点是推动公司治理体系建立和完善,加强综合金融服务体系建设。

一是建立和完善公司治理体系。集团和子公司分别设立股东大会、董事会、监事会高级管理层,编制集团和子公司章程,"三会一层"按照公司章程,各自履行职责,有效制衡。董事会下设战略管理、高管提名、经营审计、投资决策、薪酬管理、风险管理、关联交易等专业的管理委员会,对相关重大事项进行审议并提出专业意见;制定明确、清晰、前瞻的公司发展战略规划,建立品牌凸显和特色的企业文化,保持稳健运行,促进可持续发展。

二是推进综合金融服务体系建设。准确把握金融行业发展趋势,积极面对市场环境变化,坚持以客户为中心,以市场为导向,推进集团综合金融服务体系和科技服务体系的建设,持续提升盈利能力。通过开展多元化经营,为客户提供综合金融服务方案，打造覆盖全生命周期的多种类别的金融产品，建立和健全一条龙式的综合化金融服务体系；持续推动通过科技为金融赋能，推进数字化金控建设，加快一体化经营、智能化风险管控、数智化营销等建设，通过科技为生态赋能，通过生态为金融赋能，努力打造金融生态圈，为公司客户、个人客户、金融同业客户提供"一揽子"金融产品和服务，持续提升价值创造能力。在子公司层面，重点是推进统一授权管理体系的建立，促进集团战略规划在子公司落地实施，打造特色化的业务板块发展模式。

三是促进建立统一授权管理体系。制定授权管理制度，厘清集团和子公司、子公司和子公司间的授权边界。根据不同子公司面临的发展阶段、行业规律和业务特质，建立统一授权管理体系，实施差别化管理模式。建立子公司管理架构，子公司根据业务需要，按照专业化、市场化的需求动态调整组织架构、岗位设置、市场化薪酬激励机制。

四是促进集团战略规划落地。集团设立战略发展管理部，由其牵头负责集团整体的战略规划编制、实施，设立公司治理、业务协同、全面风险管理、数字化金控、综合金融人才培养等子规划，以项目形式推进实施，形成"路线图"和"施工图"；并指导、监督子公司编制战略发展规划，促进规划落地实施。子公司的董事会应当根据集团战略规划中明确的子公司战略发展方向，编制子公司的战略发展规划。在对子公司的日常经营管理中，集团作为控股股东，通过"三会"即股东大会、董事会、监事会，按照相关议事规则，对子公司的重大发展战略、重大经营活动、重要人事任免、重要风险管理政策等进行审议，对集团制定的战略规划落地情况进行跟踪和评估，支持子公司稳健经营，促进子公司质量、效益、速度的协调发展。此外，建立对规划实施的跟踪分析、定期评估、调整优化、落实督办的闭环管理机制。

五是促进各业务板块形成特色化发展模式。银行业务方面，坚持科技发展优先战略，推进经营的数字化转型，提升服务和管理的精细化水平；做大零售业务，重点围绕生活生态圈，提升财富管理能力；做强对公业务，重点围绕金融生态圈，为企业提供综合金融服务；加快平台化转型，将商业银行作为综合金融服务基础平台，为其他子公司提供客户推荐、营销渠道的载体，实现集团"轻型化"转型。保险业务方面，依托集团整体优势，通过"科技＋产品＋渠道"三轮驱动，通过加大科技投入，提升服务的敏捷性和体验感；通过构建寿险、产险、养老险、健康险等多层次产品体系，为不同年龄阶段、不同客户群体的提供保险服务；通过加强保险经纪人、保险代理人、银行保险、互联网保险等六大渠道建设，为客户提供专属的保险产品和服务。投资业务方面，发挥证券、信托、基金、租赁、资产管理优势，实行聚焦发展策略，建立投资管理体系，重点围绕核心业务，提供财富管理、股权投资、企业证券服务、投贷联动等，拓宽和拓深业务增长渠道，打造业界领先的资产管理品牌。

6.3.3 建立集团内和子公司间业务协同机制

通过推进建立集团子公司间业务协同、利益分配等管理机制，强化子公司间交叉销售和业务协同，深化集团内资源整合和利用，促进提升综合金融服务效果。

建立集团内部协同管理机制。一是采取多种措施推进集团子公司间业务协同，促进业务协同较快增长。在集团层面，由战略发展管理部负责统筹协调各子公司间业务协同，重点在整合销售渠道、整合金融产品研发、整合信息共享等三个方面推进协同工作。首先，整合销售渠道，整合银行、证券、保险、信托等销售渠道，统一渠道管理、集中开展渠道营销、开展客户互相推荐、共同推进渠道应用,降低销售成本;其次,整合金融产品研发,在子公司各自研发金融产品的基础上,针对重点客户和大型客户,研发综合金融产品,综合利用银行的信贷产品、证券的投行产品、信托的私募产品、保险的保障功能,围绕客户成长链研发覆盖企业"全生命周期"的产品和服务;最后,整合信息共享,各子公司间建立畅通的客户需求、业务发展预测、风险监测等信息沟通,增强信息的敏感性,提高信息获取快捷度,降低信息获取的成本。二是建立集团内子公司间业务协同的利益分配等管理机制,促进提供综合金融服务。将业务协同情况纳入集团子公司、业务部门的经营绩效考核评价,并定期开展业务协同情况评估,促进子公司间业务协同落地;各子公司间开展业务协同时,按照市场化的管理处理协同的业务,比如采用市场化的业务准入和退出机制、定价管理机制、风险管理机制,实现各子公司的利益分配核算,促进资源共享、优势互补,保证协同发展取得实效。

强化子公司间交叉销售和业务协同。一是打造综合金融服务平台。建立集团数据共享中心,将集团内各子公司客户、业务等数据进行集中管理,形成数据集中平台。推进"壹账通"综合金融服务平台建设,通过"壹账通",可以实现"一个客户,拥有一个账户",提供多元化业务服务;通过为客户提供多种金融产品,提升一站式综合金融服务水平。二是开展业务合作。推进交叉销售。推动不同金融子公司、不同业务条线间的交叉销售,提供一条龙式的综合金融解决方案。比如商业银行可以和证券公司合作,为企业客户提供发行信用债券、上市辅导等直接融资服务;商业银行还可以和投资公司合作,共同开发企业的投联贷业务,提供贷款、投资等一体化服务。推进客户迁徙。推动银行、保险、投资等客户之间互相迁徙,例如,向商业银行客户推荐保险、信托理财、资管产品等，向保险客户销售银行理财、信托投资、资产管理等服务，提供综合金融服务；推动"线下客户"向"线上客户"迁徙，例如向社区银行的客户推荐使用手机移动应用小程序，快捷办理业务等，提升运营和服务效率，降低运营成本。

6.3.4 建立全面风险管理体系

推动风控预防为主、关口前移，健全两级管理架构、三道防线风险管控机制，强化数字化风控支撑，提升主动风险管理能力，建立覆盖事前、事中和事后的全流程风控体系，将风险管理能力打造成为核心竞争力，有力服务金融控股公司建设。

（1）建立风险管理架构，培育风险管理文化

坚持风险管理与业务条线独立运行原则，在集团和子公司分别设立与业务运行相分离的风险管理机制，包括组织架构、制度体系、汇报路线等，促进风险管理与业务条线之间相互制衡。

一是建立两级风险管理架构。坚持风险分级管理原则，明确集团和金融子公司之间的风险管理职责范围和管控边界，避免存在风险管理的空档。集团层面，设立集团风险管理委员会，加强金融控股公司全面风险的统筹管理；设立集团风险管理部，强化集团层面风险管理职能，集团重点负责整体的风险管理体系建设，对金融子公司的重大风险进行监督和管理，对子公司间的交叉业务风险进行管理。在子公司层面，按照所属行业的监管要求，设立风险管理部，承接集团风险管理要求，开展金融子公司的风险管控，实现拓展业务与风险管理齐头并进，促进风险全覆盖的管理体系落地。

二是建立风险管理制度体系。首先,加强风险管理制度建设,制定集团《全面风险管理办法》《集中度风险管理办法》《关联交易管理办法》等制度,编制《风险偏好陈述书》,逐步建立和健全全面风险管理制度体系。其次,建立风险管理报告制度,明确报告的内容、频率和汇报路线,报告内容涵盖总体风险和各类风险的整体状况,风险管理策略、风险偏好和风险限额的执行情况,风险暴露在行业、地区、重大客户等维度的分布等。然后,制定金融业务准入清单制度,落实各金融行业监管要求,顺应发展趋势,对金融子公司开展业务进行分类管理,明确拓展、巩固、限制和禁止的业务类别和准入标准。最后,建立负面客户名单管理制度,统筹和动态管理各金融子公司的客户负面清单,依据客户风险程度,将负面名单分为黑名单和灰名单,分类分级实施风险管控措施,依法合规共享风险信息,防止风险在多家金融子公司间传染,重复踩雷同一客户。

三是建立风险管理文化。风险管理文化是企业文化的重要组成部分,是金融机构的特有文化,是金融控股公司企业文化的重要组成部分。强化风险管理可以创造价值、风险管理需要人人参与、风险管理伴随业务全过程的理念,依托全面风险管理制度建设并内化为"组织文化",让风险管理文化转变为全体员工的行动指南,持续提升金融控股公司的竞争力,并成为带来丰厚利润收入和声誉价值的不竭源泉。

(2)建立风险管控体系,强化风险过程管理

重点围绕"三道防线",以风险偏好制定、风险指标监测、风险事件管理等为抓手,打通风险识别、预警、报告、处置全流程管控链条,建立事前风险防范、事中风险监测、事后风险处置的风险防控过程管理体系。

一是制定风险策略,开展风险限额管理。坚持风险管理与业务发展相匹配原则,编制风险管理策略、制定风险偏

第6章 结论与展望

好、开展风险限额管理等,保证风险管理的程度与宏观和市场环境变化、业务发展速度、发展规模等相匹配,强化风险事前预防能力。

首先,编制风险策略。组织制定集团和金融子公司两个层面清晰的风险管理策略,内容涵盖市场和宏观经济变化、风险偏好以及风险状况等,并每年对其有效性进行评估,适时根据市场和宏观经济变化等进行调整,确保集团整体风险边界的稳固。其次,制定书面的风险偏好。结合所管控金融子公司的风险管理特点,制定集团和金融子公司两个层面的风险偏好,风险偏好指标的设定采用定量指标与定性指标相结合,并与战略目标、经营计划、资本规划、绩效考评和薪酬机制相衔接,将集团风险管理策略传导到集团内各金融子公司,发挥对金融风险防控的统筹把关作用。最后,开展风险限额管理。以编制的风险偏好为指导,建立集团和金融子公司法人机构的风险限额设定、限额调整、超限额报告和处理制度,风险限额设置综合考虑监管要求、资本管理、风险集中度、流动性等,指标阈值按照轻度、中度、重度设置预警值;推行"红黄绿"分类管理,实现预警监测、跟踪等流程线上化。

二是加强风险监测,强化风险预警。坚持风险管理范围全覆盖原则,横向上,风险管理体系需覆盖各业务部门、各风险种类;纵向上,覆盖集团和各子公司、业务条线;环节上,覆盖全流程,即覆盖决策、执行和监督,风险管理与业务发展同时进行,强化事中风险监测。

首先,搭建风险指标体系。按照集团和金融子公司的风险偏好,结合各金融行业监管要求和特点,建立全面风险管理指标库,包括信用风险、市场风险、流动性风险、操作风险、集中度风险等,实现风险指标、风险维度、风险方法的统一。其次,开展关键风险指标监测。强化动态掌握风险情况，实现经营数据、客户业务数据、各类风险指标自动获取，及时、准确、完整地掌握各金融子公司业务及风险状况，实现风险指标实时监测。然后，开展多维度风险决策分析，依托风险指标库，实施关键指标多维分析、核心指标动因分析，生成风险监测表、趋势分析图、风险管理报告，实现决策层可视化、操作层自动化，助力风险监测精细化。复次，强化风险预警管理，设置风险指标阈值，赋予红色、黄色、绿色预警标识，对指标的异常情况给与提示，保持风险高度敏感；对授信敞口重点大户、风险重点客户、重点风险防控领域开展风险监测预警，建立风险信息周报、重大投资项目月度报告、风险专题报告制度，及时发出风险预警提示。再次，建立风险评估体系。在开展以上风险管理措施基础上，构建统一的风险评估体系，及时发现风险隐患和管理漏洞，实现对各金融子公司风险状况的综合评判和分类评级管理。最后，实施风险集中度和投资风险监测。加强风险集中度管理，建立以市场化融资、关联方交易等七类业务为管理重点，以单一客户为基础的差异化集中度风险管理机制，管控大额风险暴露，防范集团内风险过度集中；完善客户限额测算方法和额度分配机制，加强对大额隐性债务的监测，有效控制风险暴露总量。建立投资风险防范体系，定期排查资金投资风险情况，逐一明确风险项目处置思路，提升投资风险的主动管理能力。投前，厘清集团、业务、投资三方关系，限定禁投领域，把好项目入口关；投中，明确项目开发、尽调、可研等专业岗位职责和要求；投后，加强对重点投资项目的跟踪监测、实现风险项目早发现、早预警、早应对、早处置。

三是加强风险检查，优化风险处置。坚持风险管理落地有效性原则，将全面风险管理的结果应用于经营管理，并纳入集团和子公司的经营绩效评价，有效防范各类风险，促进

第 6 章 结论与展望

风险管理运用落地,强化事后风险处置。

首先,开展风险事件管理。制定重大风险事件分级标准与管理机制,全面、及时掌握所属金融子公司的风险事件和风险因素,实现风险盲点、盲区的早发现、早处理;收集内部和外部风险事件,对市场风险、集中度风险等八类风险进行风险识别,按照四类事件进行预警管理,并制定近期、中期、远期等三类风险应对策略,实现风险事件闭环管理。其次,实施重点风险项目检查,列明重点重点行业和领域风险项目清单,利用舆情等大数据实时监测预警,及时发出风险提示函和预警提示单,下发风险检查报告和风险管理意见书等,制定有效的落实措施,压实责任,督促整改提升。复次,建立风险问题台账,针对监管检查、风险和审计检查等检查出的问题,本着以整改促提升的原则,建立对不同类型、层级和程度的风险处置流程,整改一项、验收一项、消除一项;同时,推动工作改进、制度完善、治理优化,构建风险管理长效机制。再次,强化风险管理考核。建立风险专业考核管理机制,将风险管理体系建设、风险信息报送、风险问题整改等纳入风险管理条线专业考核,发挥风险管理的导向作用,筑牢风险防范意识和责任约束;将重大监管处罚、风险管理条线评价结果与金融子公司的经营绩效和奖金挂钩,发挥考核指挥棒作用,促进风险闭环管控实现。最后,强化子公司间业务协同,探索通过深化银行和投资等不同金融子公司间、产业和金融间协同等化解风险的机制,总结复制、创新、推广重大风险项目化解有效的模式,优化风险处置。

(3)加大金融科技运用,提升数字化风控能力

伴随着金融科技快速发展,通过信息技术与应用情景相结合,打造风险数据与风险信息系统,做好风险管理信息化和数字化建设,推动风险管理从"人防"向"技防"、"智

控"转变,促进风险管理能力提升。

一是实现风险数据实时共享。构建集团数据、业务、管理三个中台,贯通集团和金融子公司,实现风险数据上下贯通、实时汇聚、系统间实时传输。建设风险数据中台,体现风险信息监测能力,为客户风险画像、风险防控等提供全方位信息。建设风险业务中台,体现风险数据快速共享能力,为快速构建前台应用提供共享服务。建设风险管理中台,体现风险数据标准化管理能力,为通用技术的快速获取提供标准化组件。

二是建设全面风险管理平台系统。运用内部和外部数据,发挥大数据实时共享优势,实现风险在线监测、信息共享、集中管理和动态预警等,促进风险管理自动化、流程化、可视化,有效防范和化解风险。

首先,构建全面风险管理指标库,梳理各类风险管理报表、报表要素、基础风险指标,设计体系化、层级化的风险监测指标体系,支持识别、计量、评估、监测和报告各类别的重要风险指标。其次,实现风险偏好和限额管理,对超出风险限额等情况进行实时监测、预警和跟踪,设立统一风险敞口和授信管理,实现可视化、智能化的风险限额和风险敞口管理。复次,实施风险事件线上管理,收集内部和外部风险事件,开展风险类别识别、进行实时预警、实施风险应对策略,实现对风险事件的闭环管理。再次,提供风险决策支持,通过系统实现关键指标多维分析、核心指标动因分析、指标统计查询等功能,助力风险状况深度分析;利用数据挖掘、模型分析等技术,自动生成不同报告期、多维度风险暴露展示的风险信息简报、重大项目风险分析报告等风险管理报告,为决策提供支持。最后,推进集团客户关系树及统一风险视图系统建设,丰富风险监控预警平台等的数据基础,实现全面风险监控预警平台解除预警、退出预警、白名

第 6 章 结论与展望

单和负面名单环节的线上管理,强化预警处理和响应,提升预警覆盖面与有效性。

6.3.5 提升数字化智慧经营水平

伴随着科技和金融深度融合发展,区块链、云计算、人工智能等前沿科技,加大了金融行业创新力度,促进了金融行业效率的提升。重点依托数字化建设促进经营管理,精准营销、风险管控等方面数字化提升,链接客户、产品、渠道,助力管理、营销、风控、生态合作,赋能金融业务提质增级。

集团层面。设立金融科技与数字化建设委员会,强化科技统筹管理,全方位提升公司的数字化智慧经营水平,通过实施数字化经营战略,将企业组织和日常业务进行数字化模式设计和运营。一是金控管理的数字化。系统性推进金控管理数字化建设,构建低耦合和高内聚的技术中台、集成数据整合和可视交互的数据中台、可定制和高复用的业务中台,支撑日常管理产品研发和业务创新需求。二是客户营销管理数字化。以客户为中心,对业务办理流程实施数字化转型,依托"壹账通"等平台,激活线上线下营销获客触点,大数据洞察偏好活客、知识图谱全生命同期留客,推动客户营销管理智能化、精细化。提升客户的友好体验程度,增加客户黏性。三是产品设计数字化。对客户财务状况和个人偏好进行数字量化,根据客户的量化结果,设计和提供有针对性的金融产品。四是服务渠道的数字化。打造金融服务生态圈,围绕客户"吃、住、行、玩",与大型商场、酒店、公交、电影院等合作,切入生活场景,并提供支付、信用贷款、理财产品等针对性的综合金融服务。五是风险管理的数字化。通过利用大数据、人工智能、物联网、5G 等技术,对客户进行精准的"人物画像",利用云计算、区块链等技术对客户进行信用跟踪,提高风险的识别效率和准确度。打造大数据事前风险视图、书中风险智能预警、事后系略智控,推动风险管理从"人防"向"技防","智控"转变。六是建立科技创新孵化机制。建立跨金融机构、跨业务条线、跨部门的业技任务型团队,快速响应市场需求;强化业技融合、业中后台协作、母子公司联运的创新协同网络机制,加快创新成果转化;建立允许出错,及时纠错、快速改错的创新试错容错机制。七是打造复合型金融科技队伍。通过金融科技人才内生培养,加大金融科技人才引进力度、推进技术序列激励改革、试行部落制模式扁平化管理等,深度融合科技、业务、运营等领域人才,加快金融科技人才梯队建设,打造"懂业务、通技术、擅数据"的复合型金融科技人才队伍,促进业投深度融合,提升数字经营水平。

  子公司层面。子公司可基于大数据技术,开展客户管理、精准营销、智能风控、经营管理等。例如,银行业务方面,依托人工智能、云服务等先进技术,建立新核心银行云平台、区块链贸易融资、智能机器人客户服务、智慧手机银行、数字化授信、智慧投资和理财顾问、多渠道推荐和销售等,大力提升服务客户的效率,提升用户体验感,同时降低运营成本。保险业务方面,将大数据等先进技术应用于客服、代理、核保、理赔四个重要的方向,推进智慧双录、智能核保、产品风险定价、大数据反欺诈等多方面应用。证券业务方面,借助证券公司现有的客户信息、交易记录、研究报告等基础数据,助力券商进行数字转型,并将人工智能应用于智能投顾、智能客服、智能风控、智能选股和智能移动应用等。

6.3.6 加快培养综合化金融人才

对于现代金融业而言,不管是商业银行、证券公司、保险公司,还是信托公司、期货公司、投资公司,其生产要素均主要包括资本、信息、企业家才能三种形式。随着利率市场化和资本市场改革深入推进,金融科技快速发展,新业态、新市场、新环境带来新的挑战,金融人才的作用日益凸显。鉴于前期国内实施的是分业经营,现有的金融人才仅仅从事商业银行、证券公司、保险公司等一种业务,对商业银行、证券公司、保险公司等都了解和精通的综合化人才非常稀缺;创新型、复合型人才不足,加快培养综合化人才具有重要意义,加快建立分类别、全覆盖、专业化的综合化人才培养体系。

一是建立分层次的综合金融专家队伍。根据现有金融业务发展需要,建立高端、中层、基层等三个层次的专家队伍。其中,高端专家队伍,重点培养综合金融创新意识、集团化领导力提升、重大综合金融问题解决等能力;中层专家队伍,重点培养较强的综合金融管理专业能力,较强地分析和解决综合金融问题等能力;基层专家队伍,重点培养综合化金融业务和产品知识、职业操守与安全、适应综合化金融服务岗位需要。

二是建立综合金融人才定期评估和培养机制。搭建"能力、业绩、贡献"多维度的综合金融人才评估模型,组建综合金融专家评审库,通过小组评审、评委合议等环节,定期开展综合金融各层次专家队伍评估与专业改进,并于个人绩效挂钩,促进各层次人才专业能力提升。依据个人成长特点,建立专业人才序列和管理人才序列。打通集团与子公司、子公司之间、专业与管理序列之间的流通通道,实现相互之间的人才流动。在纵向上,按级别进行晋升;横向上,业务专业序列和行政管理序列可以进行转换;子公司间,可以进行互相交叉的兼职职务,构建立体式的人才发展的立交桥。加快人员结构转型,加大懂多个金融子公司业务和金融科技等复合型人才的选拔和储备力度。建立核心岗位人才库培养体系,加大集团化管理人才、综合金融人才、国际化发展人才、金融科技人才的培养力度,促进公司战略规划落地。

三是建立综合金融分层次培训和市场化激励机制。聚焦综合金融关键岗位人才培养,通过多种培训品牌服务等培育人,推进人才培训基地、网上学习平台、出国轮训项目等建设,加快战略规划和企业文化传播,促进组织效率和人员专业素质的提升。坚持市场化激励机制,吸引和激励优秀人才,建立凭业绩"赛马"的选拔和培养机制,按照市场化原则选拔优秀的青年人才;加强对市场薪酬情况的跟踪,持续优化薪酬管理机制,不断优化前台、中台、后台的薪酬结构,为打造综合金融服务品牌提供强有力的人力资本支撑。

6.4 研究局限

本章在总结前文对 13 家银行类金融控股公司的实证研究和经营绩效评价结果分析的基础上,对研究结果进行了讨论,对金融控股公司经营绩效评价研究理论的贡献进行了探讨,从提升经营绩效评价的角度提出加强金融控股公司经营管控的建议,并对管理意义进行总结归纳。但因为中国金融控股公司尚处于起步发展阶段,且研究问题本身具有一定的复杂性,且受金融控股公司目前披露经营数据有限、经营管理信息为商业秘密等客观和主观的诸多因素的限制,本书的研究存在一定的不足,需要进一步深入探讨、讨论。

6.4.1 研究样本的局限性

按照中国金融控股公司控制主体的视角,可将中国的金融控股公司分为金融机构类、央企类、地方政府类、民营类和互联网类等五种类别。考虑到当前我国金融控股公司成立和发展的时间比较短等现状,且大部分公司财务报告等未进行披露,本书只对13家上市的全国性银行金融控股公司进行了研究。虽然上述13家银行类金融控股公司2018年末的总资产146.60万亿元,占全国银行业总资产的69.82%;实现净利润1.40万亿元,占全国银行业净利润的76.50%,但选取的样本不一定能够完全代表银行类金融控股公司的总体;通过13家银行类金融控股公司的样本研究的结果,可能会影响普遍的适用性。此外,本书针对13家银行类金融控股公司的研究结论是否适用于全部金融控股公司也有待进一步检验。

6.4.2 研究模型的局限性

本书在研究变量的选用上,根据商业银行经营管理的"安全性、流动性、盈利性"三原则、财务信息和非财务信息评价相结合的原则、评价金融控股公司的原则(全面性、重要性、层次性、可操作性),选取了银行类金融控股公司总资产报酬率、净资产收益率、成本收入比等15个重要的评价指标,并引入经济增加值EVA模型;与传统商业银行主要评价指标相比,在对金融控股公司主要评价指标中增加了非利息收入指标,将非利息收入作为反映银行类金融控股公司多元化发展程度和水平的重要指标。考虑到上市公司信息的保密性和获得的有限性,本书选取的指标大多是财务、风险类指标,没有将公司治理等一定量的定性指标进行量化处理,并纳入绩效评价指标体系,对这方面的研究还要深入。

6.4.3 数据分析的局限性

本书按照金融控股公司经营多元化程度即持有金融机构的牌照数量,将银行类金融控股公司划分为三类,即银行金控组、金控银行组、传统银行组,对三种类型的金融控股公司的经营绩效进行了对比分析,并从风险抵补类因子、盈利能力类因子、成本管控类因子、综合经营绩效得分等四个维度进行了数据回归分析。同时,对13家金融控股公司的综合经营绩效评价得分和排名进行了分析,但只对部分金融控股公司的风险抵补类因子、盈利能力类因子、成本管控类因子的得分和排名进行了分析;尚未逐一地对金融控股公司的风险抵补类因子等四个维度的得分和排名情况进行分析。下一步,希望可以进一步探讨分析。

6.5 未来研究的展望

本书对金融控股公司经营绩效评价的方法、经营与管控等研究进行了探索,这只是研究工作的起点,未来还需要对此进行持续的研究,深入拓展理论贡献和实践意义。

6.5.1 扩大样本范围

本书的样本范围为 13 家全国性银行类金融控股公司,进一步扩大样本覆盖及样本量之后,可以更好地分析金融控股公司,提高研究样本的代表性和普遍性,也有利于对比分析,以便更好地做好数据挖掘和归纳总结。伴随着中国金融控股公司快速发展,管理越来越规范,披露数据越来越丰富,相信未来基于金融控股公司经营绩效评价提升的经营与管控理论研究和实践应用将更进一步深入。

6.5.2 拓展经营绩效评价的理论模型

本书选取了银行类金融控股公司偿付能力类、盈利能力类、资产质量类等 15 个评价指标,绩效评价指标大多是财务指标和风险指标,基本为定量评价指标;能够对金融控股公司经营绩效产生影响的指标,不仅涵盖定量指标,还有些定性指标影响经营绩效。下一步,可以适当引入定性评价指标,将其进行量化,进一步改进和完善评价方法,使金融控股公司评价体系更加全面、科学。

本书在研究方法上采用了因子分析法,并引入了经济增加值 EVA 模型,再后续阶段中可以尝试其他分析方法,也可以采用因子分析方法与其他分析方法相结合的方式,使得理论模型更加完善,并对两种方法进行对比分析,得出更接近实际情况的结论。

6.5.3 深入挖掘数据分析

本书对个体金融控股公司的研究还不够深入和全面,尚未对各经营指标与综合经营绩效的影响程度做深入的分析，对数据的挖掘还不够充分；每个金融控股公司具有自身经营的特点，没有深入分析之间不同差异，事实上需要分别进行深入、具体地探讨，以便提出对金融控股公司更有针对性的经营与管控建议，这也是值得下一步考虑和研究的课题。

参 考 文 献

[1] 中国人民银行. 中国金融稳定报告2018 [R]. 北京: 中国人民银行, 2019.

[2] 刘鹏. 金融集团发展与监管 [M]. 北京: 中国金融出版社, 2017.

[3] 中国人民银行. 金融控股公司监督管理试行办法 [R]. 北京: 中国人民银行, 2020.

[4] 陈锐. 论中国保险业范围经济效应与综合经营模式选择 [D]. 云南财经大学, 2014.

[5] G K, Qi J. Integration of Lending and Under Writing: Lmplications of Scope Economic [J]. The Journal of Finance, 2003 (58 (03)): 1167 – 1191.

[6] 贾佳. 方正金融控股集团发展战略研究 [D]. 北京交通大学, 2014.

[7] 林建军. 我国金融控股公司发展模式选择研究 [J]. 技术经济与管理研究, 2016 (06): 78 – 82.

[8] Vennet, Vander. Cost and profit efficiency of financial conglonerates and universal banks in Europe [J]. Journal of Money, Creadit and Banding, 1999 (34): 254 – 282.

[9] 岳林继. 我国商业银行从事证券业务的模式与效率研究 [D]. 华中科技大学, 2005.

[10] 王慧. "中国平安" 综合金融战略案例分析 [D]. 河北大

学,2017.

[11] Chronopoulos, Girardone. Are there any cost and profit efficiency gains in financial conglomeration? Evidence from the accession countries [J]. *The European Journal of Finance*, 2011 (15 (04)): 385 – 404.

[12] 万魏.我国金融控股公司发展及监管问题研究 [J]. 西南金融, 2018 (06): 9 – 17.

[13] 范云朋, 尹振涛. 金融控股公司的发展演变与监管研究——基于国际比较的视角 [J]. 金融监管研究, 2019 (12): 38 – 53.

[14] 韩钰. 金融控股集团的监管逻辑 [J]. 金融发展研究, 2019 (11): 68 – 74.

[15] 韩开创, 刘洪波. 如何加强金融控股公司的监管立法 [J]. 银行家, 2019 (02): 47 – 49.

[16] 邵昱晔, 巫伍华, 林燕萍等. 金融控股公司风险防范与监管的实践与启示——基于台湾地区金融处罚典型案例 [J]. 福建金融, 2019 (02): 57 – 61.

[17] 中国国家统计局. 2019 年国民经济和社会发展统计公报 [R]. 北京: 中国国家统计局, 2020.

[18] 中国人民银行. 中国金融稳定报告 2019 [R]. 北京: 中国人民银行, 2020.

[19] 中国银保监会. 2018 年银行业金融机构法人名单 [R]. 北京: 中国银保监会, 2019.

[20] 武志. 转轨经济国家的金融发展: 经验与借鉴 [J]. 金融发展评论, 2010 (09): 135 – 143.

[21] Yamori N. Are banks affiliated with bank holding companies more efficient than independent banks? The recent experience regarding Japanese regional BHCs [J]. *Asia-Pacific Financial Markets*, 2003 (10 (4)): 359 – 376.

[22] G K, Qi J. Integration of Lending and Under Writing: Lmplications of Scope Economics [J]. *The Journal of Finance*, 2003 (58 (3)):

1167 - 1191.

［23］Berger, Demsetz, Strahan. The Consolidation of the Financial Services Industry: Causes, Consequences and Implications for the Future [J]. *Journal of Banking and Finance*, 1999 (23): 135 - 194.

［24］Barth, Caprio, Levine. Banking Systems Around the Globe: Do Regulation and ownership Affect Performance and Stability? [R]. *The World Bank Working Paper*, 2000.

［25］M. K R. Challenge of Organizational Change: How companies experience it and leaders guide it [M]. New York: Simon and Schuster, 2003.

［26］韩晓宇. 我国金控监管的效力边界及规范建议 [J]. 银行家, 2019 (03): 96 - 99.

［27］王欧, 祁斌. 国际金融监管体制的演变及发展趋势 [J]. 上海证券报, 2007, 3 (42).

［28］郝臣, 付金薇, 王励翔. 我国金融控股公司治理优化研究 [J]. 西南金融, 2018 (10): 58 - 65.

［29］中国金融控股公司立法研究课题组. 中国金融控股公司立法若干问题研究 [J]. 江淮论坛, 2004 (02): 48 - 55.

［30］联合论坛. 金融集团监管原则 [M]. 2013.

［31］钱东平. 金融控股公司内涵、基本特征及主体监管 [J]. 金融纵横, 2016 (06): 17 - 25.

［32］刘浩. 金融控股公司发展模式及风险管理研究 [D]. 西南财经大学, 2010.

［33］高鸿业. 西方经济学 [M]. 北京: 中国人民大学出版社, 2021.

［34］徐鹏程. 我国商业银行综合经营趋势下的金融监管研究 [D]. 西北大学, 2008.

［35］M H, A H, R E. The Anatomy of Bank Diversifiention [J]. *Journal of Banking and Finance*, 2011 (34 (6)): 1274 - 1287.

[36] M K R. Challenge of organizational change: How companies experience it and leaders guide it [J]. *Simon and Schuster*, 2003.

[37] Barth, Caprio, Levine. Banking systems around the globe: Do regulation and ownership affect performance and stability [J]. *The World Bank Working Paper*, 2000.

[38] 杨辉,田田,华国庆.中国金融控股公司立法若干问题研究[J].江淮论坛,2004(02):48-55.

[39] 武耀华.金融控股集团协同发展综合金融服务探究[J].金融与经济,2017(06):63-67.

[40] 刘映钰.银行混业经营中范围经济的研究[D].南开大学,2009.

[41] Rajan. *Financial Dependence and Growth* [R]. 1996.

[42] 郭敏.多元化金融集团的组织经济学分析[M].北京:人民出版社,2005.

[43] 谢平.金融控股公司的发展与监管[M].北京:中信出版社,2004.

[44] 周道许.现代金融监管体制研究[M].北京:中国金融出版社,2000.

[45] 王琼芳.我国金融控股公司监管研究[D].西南财经大学,2009.

[46] 夏斌.金融控股公司研究[M].北京:中国金融出版社,2001.

[47] 霍爱英,高晓华,范萌萌.论金融控股公司存在的理论依据[J].财会月刊,2006(20):71-73.

[48] 金莉莉.南北车并购的财务协同效益[D].上海:华东交通大学,2017.

[49] 李然.我国金融控股集团协同效应研究[D].首都经济贸易大学,2018.

[50] 刘古权,董衍善,李伟.协同凭什么创造价值?——组织协

同助力 500 强企业价值创造 [J]. 企业管理, 2018 (09): 92-96.

[51] 陈硕. 金融控股集团协同发展的路径与对策探讨 [J]. 管理观察, 2020 (12): 153-154.

[52] 赵文豪. 不同规模下财产保险公司多元化经营对公司绩效的影响研究 [D]. 西南财经大学, 2017.

[53] Liu W. Chen-Min Hsu. Profit Performance of Financial Holding Companies: Evidence form Taiwan [J]. *Emerging Markets Finace and Trade*, 2014.

[54] 李芸璐. 效率和风险视角下我国金融控股公司经营模式的对比与选择 [D]. 西南财经大学, 2016.

[55] 肖文东, 荆新. 中国银行业综合化经营: 理论、现状与展望 [J]. 现代管理科学, 2012 (02): 3-5.

[56] 郑明高, 郑小霞. 金融控股集团协同效应研究 [J]. 生产力研究, 2011 (11): 52-53.

[57] 丁守和. 金融控股公司的协同效应研究 [D]. 中国科学技术大学, 2008.

[58] 闫彦明. 金融控股集团投资项目的协同效应: 机理、制度与管理措施 [J]. 金融理论与实践, 2008 (12): 18-22.

[59] 赵昕, 董金荣. 金融控股公司协同效应研究及对我国的启示 [J]. 经济论坛, 2008 (15): 113-115.

[60] 陈秋霞, 于晶, 刘迎非. 企业并购财务协同效应影响因素研究 [J]. 时代金融, 2013 (17): 175-178.

[61] 张瑞明, 赵永启. 金融控股公司协同效应分析 [J]. 现代商贸工业, 2012, 24 (10): 97.

[62] 高侠, 张双巧. 跨国并购财务风险与财务协同效应探析 [J]. 会计之友, 2012 (29): 80-82.

[63] 黄达. 货币银行学 [M]. 北京: 中国人民大学出版社, 2021.

[64] 中国银行业协会. 风险管理 [M]. 北京: 中国金融出版社, 2021.

[65] 马骏. 金融控股公司与全能银行的比较研究——暨我国金融混业经营模式的选择 [D]. 武汉大学金融学, 2002.

[66] 荣华, 陈岱松. 商业银行介入证券投资基金的法律模型研究——以"混业经营"模式为视角 [J]. 海南金融, 2008 (04): 61-66.

[67] 李仲林. 我国商业银行综合化经营监管制度研究 [D]. 西南政法大学, 2018.

[68] 王曼舒, 刘晓芳. 商业银行收入结构对盈利能力的影响研究 [J]. 南开管理评论, 2013, 2 (16): 143-149.

[69] 潘蕙. 我国金融控股公司发展研究 [D]. 云南昆明: 云南大学, 2009.

[70] 高志强. 保险控股公司的内在矛盾研究 [D]. 南开大学, 2007.

[71] 郭锐欣, 张鹏飞, 杨满坡. 金融控股公司理论与实证研究综述 [J]. 浙江社会科学, 2015 (04): 136-144.

[72] 蒋达. 混业经营对系统性风险的影响研究 [D]. 湖南大学, 2014.

[73] 张成勇. 商业银行混业经营中的风险因素及其控制研究 [D]. 重庆大学, 2005.

[74] 邓韶华. 商业银行综合化经营: 国际比较与中国选择 [D]. 厦门大学, 2006.

[75] 王舒婷. 论我国金融控股公司监管模式的选择 [D]. 复旦大学, 2008.

[76] 吕慧. 我国金融控股公司经营绩效研究 [D]. 山东师范大学, 2014.

[77] 张艺. 基于监管视角的银行集中度、竞争度对银行稳定性的实证研究 [D]. 山东大学, 2014.

[78] 路明明. 我国金融控股公司经营多元化程度与绩效相关性研究 [D]. 山东师范大学, 2015.

[79] 聂峰. 基于 ANP 的金融控股公司风险管理研究 [D]. 武汉

理工大学，2008.

［80］赵孟华. 保险金融集团金融监管研究——基于现金流特点及其风险的分析［D］. 福建厦门：厦门大学，2009.

［81］徐健. 基于金融共生理论的我国社区银行发展研究［D］. 苏州大学，2013.

［82］孙心怡. 两岸金控银行经营绩效比较研究［D］. 暨南大学，2015.

［83］康华平. 金融控股公司风险控制研究［M］. 北京：中国经济出版社，2006.

［84］杨明辉，张翔燕，邵正强等. 金融控股公司实务与操作［M］. 北京：中信出版社，2004.

［85］熊波，王志强，陈柳等. 金融控股公司理论与实践［M］. 北京：经济管理出版社，2002.

［86］李艳. 商业银行开展投资银行业务的风险——收益探析［J］. 财会月刊，2006（30）：32 - 33.

［87］蒋海，叶康为. 我国金融控股公司激励相容的监管机制设计［J］. 暨南学报（哲学社会科学版），2014，36（07）：32 - 42.

［88］张涤新，邓斌. 金融危机冲击下我国金融控股公司的经营绩效——微观主体风险控制权配置的视角［J］. 管理科学学报，2013，16（07）：66 - 79.

［89］张春子，张维宸. 金融控股集团管理实务［M］. 北京：机械工业出版社，2010.

［90］王甲旭，尹振涛. 中国金融控股集团风险探究［J］. 金融博览，2019（06）：56 - 57.

［91］N Y. Are banks affiliated with bank holding companies more efficient than independent banks? The recent experience regarding Japanese regional BHCs［J］. *Asia-Pacific Financial Markets*，2003（10（04））：359 - 376.

［92］邹朋飞，王聪. 中国银行业规模经济与范围经济的实证研究［J］. 中国工业经济，2003（10）：21 - 28.

[93] Stiro K J. Do Community Banks Benefit from Diversification [J]. *Journal of Finanical Services Research*, 2004 (25): 135 – 160.

[94] 唐建新, 杨乐, 黄琼. 我国金融控股银行与非金融控股银行经营绩效比较研究 [J]. 财会通讯, 2010 (06): 73 – 76.

[95] Schaeck. On measuring concentration in banking systems [J]. *Finance Research Letters*, 2008 (03): 59 – 67.

[96] 陈金权. 央企并购地方国企绩效分析 [J]. 现代营销 (下旬刊), 2018 (06): 11 – 13.

[97] Stiroh, Rumble. The Dark Side of Diversificication: The Case of US Financial Holding Companies [J]. *Journal of Banking and Finace*, 2006 (30): 2131 – 2161.

[98] Stiroh. Comments on morgan and Stiroh [J]. *Journal of Financial Services Research*, 2010 (35 (2)): 99 – 118.

[99] Yeager, Harshma. *The Financial Modemization act: Evolution or Revolution* [R]. 2004.

[100] 郭强, 张琦琦, 李天歌, 等. 金融控股公司监管问题研究 [J]. 华北金融, 2019 (02): 10 – 16.

[101] 封世蓝, 孙妍, 邹文博. 中国金融控股公司的经营绩效和风险研究 [J]. 贵州财经大学学报, 2015 (03): 49 – 57.

[102] 夏秋. 商业银行财务绩效评价指标体系研究 [J]. 经济问题, 2007 (08): 111 – 113.

[103] 姚富元. 台湾地区金融控股公司子银行与一般银行经营绩效分析 [D]. 中国台湾: 中兴大学, 2007.

[104] 朱晓. 我国准金控背景银行和非金控背景银行绩效差异的实证研究 [D]. 厦门大学, 2011.

[105] 江慧, 郑大川. 金控与非金控经营绩效探讨——从台湾银行业视角出发 [J]. 现代营销, 2018 (10).

[106] 世界银行. 2019 年世界发展报告 [R]. 华盛顿: 世界银行, 2020.

[107] 国家统计局. 2018年国民经济和社会发展统计公报 [R]. 北京：国家统计局，2019.

[108] 全国人民代表大会. 中华人民共和国国民经济和社会发展第十三个五年规划纲要 [R]. 北京：全国人民代表大会，2016.

[109] 中国银监会. 2018年商业银行主要监管指标情况表 [R]. 北京：中国银监会，2019.

[110] 中国人民银行. 2018年社会融资规模统计表 [R]. 北京：中国人民银行，2019.

[111] 全国人大常委会. 中华人民共和国商业银行法 [R]. 北京：全国人大常委会，2015.

[112] 全国人大. 中华人民共和国保险法 [R]. 北京：全国人大，1995.

[113] 全国人大. 中华人民共和国证券法 [R]. 北京：全国人大，1998.

[114] 中国人民银行，中国银监会，中国保监会等. 金融业发展和改革"十一五"规划 [R]. 北京：中国人民银行，2019.

[115] 中国人民银行，中国银监会，中国证监会等. 金融业发展和改革"十二五"规划 [R]. 北京：中国人民银行，2012.

[116] 中华人民共和国国务院. 金融监管协调部际联席会议制度 [R]. 北京：中华人民共和国国务院，2013.

[117] 周长贵. 股份制商业银行经营绩效评价——基于骆驼评级体系的分析 [J]. 福建金融，2016（11）：63-66.

[118] I银行股份有限公司. I银行股份有限公司2018年年度报告 [R]. 北京：I银行股份有限公司，2019.

[119] E银行股份有限公司. E银行股份有限公司2018年年度报告 [R]. 北京：E银行股份有限公司，2019.

[120] M银行股份有限公司. M银行股份有限公司2018年年度报告 [R]. 北京：M银行股份有限公司，2019.

[121] 财政部. 财务管理 [M]. 北京：经济科学出版社，2021.

[122] 财政部. 金融企业绩效评价办法 [R]. 北京：财政部, 2016.

[123] 王超毅. 杜邦分析法在商业银行中的应用研究——以工商银行为例 [J]. 财会前沿, 2016 (08)：130-131.

[124] 王秀珍. 我国上市商业银行财务绩效分析——沃尔评分法的应用 [J]. 江西科技师范大学学报, 2016 (05)：48-56.

[125] 肖远企. 美国金融机构信用等级的"骆驼"评级体系 [J]. 国际金融研究, 1990 (10)：33-35.

[126] 罗刚飞, 潘加顺. 中国银行业信用评价研究——基于16家上市银行2007—2011年数据的分析 [J]. 上海金融, 2013.

[127] 中国银行业协会. 关于开展商业银行稳健发展能力"陀螺"(GYROSCOPE) 评价体系评价工作的通知 [R]. 北京：中国银行业协会, 2016.

[128] 陈玲, 李永泉. 中国农业上市公司绩效评价 [J]. 中国农学通报, 2011, 27 (04)：416-422.

[129] 黄日倩. 我国上市商业银行的经营绩效评价研究 [D]. 西南财经大学, 2013.

[130] 刘燕. 基于因子分析方法的我国商业银行绩效评价实证研究 [D]. 湖北武汉：华中师范大学, 2018.

[131] 丁滟湫, 仇冬芳. 基于因子分析的城市商业银行经营绩效的评价 [J]. 价值工程, 2010, 29 (16)：55-56.

[132] 中国人民银行. 中国货币政策执行报告 [R]. 北京：中国人民银行, 2019.

[133] 中国银保监会. 中国银行业监督管理委员会2018年报 [R]. 北京：中国银保监会, 2019.

[134] 中国银监会. 商业银行风险监管核心指标 [R]. 北京：中国银监会, 2006.

[135] 中国银监会. 关于推进和完善贷款风险分类工作的通知 [R]. 北京：中国银监会, 2003.

[136] 徐向攀. 中外商业银行杠杆效应比较研究——基于中国建设银行、美国银行案例分析 [J]. 金融理论与实践, 2012 (06): 91-94.

[137] 魏鹏. 中国上市银行中间业务收入发展状况分析——基于2006—2011年11家上市银行年报数据 [J]. 西南金融, 2012 (11): 51-54.

[138] 苏志强, 王硕. 商业银行非利息收入研究的主要分歧和障碍 [J]. 金融理论与实践, 2014 (7): 87-92.

[139] 程婵娟, 周好文. 商业银行财务管理学 [M]. 西安: 西安交通大学出版社, 2012.

[140] 李海辉. 基于 EVA 理论的商业银行绩效管理研究 [D]. 济南: 山东大学, 2019.

[141] Chronopoulos., Girardone. Are there any cost and profit Efficiency gains in financial conglomeration? Evidence from the accession countries [J]. The European Journal of Finance, 2011 (15 (4)): 385-404.

[142] 凌涛. 金融控股公司经营模式比较研究 [M]. 上海: 上海人民出版社, 2007.

[143] 健明. 金融控股公司理论与实践研究 [M]. 北京: 人民出版社, 2007.

[144] 潘省初. 计量经济学 [M]. 北京: 中国人民大学出版社, 2015.

[145] 张文彤. SPSS 统计分析基础教程 [M]. 北京: 高等教育出版社, 2017.

[146] 高铁梅. 计量经济分析方法与建模 [M]. 北京: 清华大学出版社, 2016.

[147] 叶宗裕. 关于多指标综合评价中指标正向化和无量纲化方法的选择 [J]. 浙江统计, 2003 (04): 25-26.

[148] 财政部. 企业会计准则——基本准则 [R]. 北京: 财政部, 2014.

[149] 中国证监会. 上市公司信息披露管理办法 [R]. 北京: 中

国证监会,2021.

[150] 罗薇,孙立山,王顺超等. 基于多维分析的出行者创新性与共享汽车接受关系 [J]. 科学技术与工程,2018,18 (17): 308-313.

[151] 黄强. 中国金融控股公司发展模式研究 [M]. 北京:中国金融出版社,2013.

[152] 刘雪娇. 数据挖掘中的动态聚类及增量研究 [D]. 哈尔滨:哈尔滨理工大学,2015.

[153] 毕然,何怡刚,史露强等. 基于卡方检验的莱斯信道统计特性可信性评估 [J]. 计算机工程与设计,2019,40 (03): 632-637.